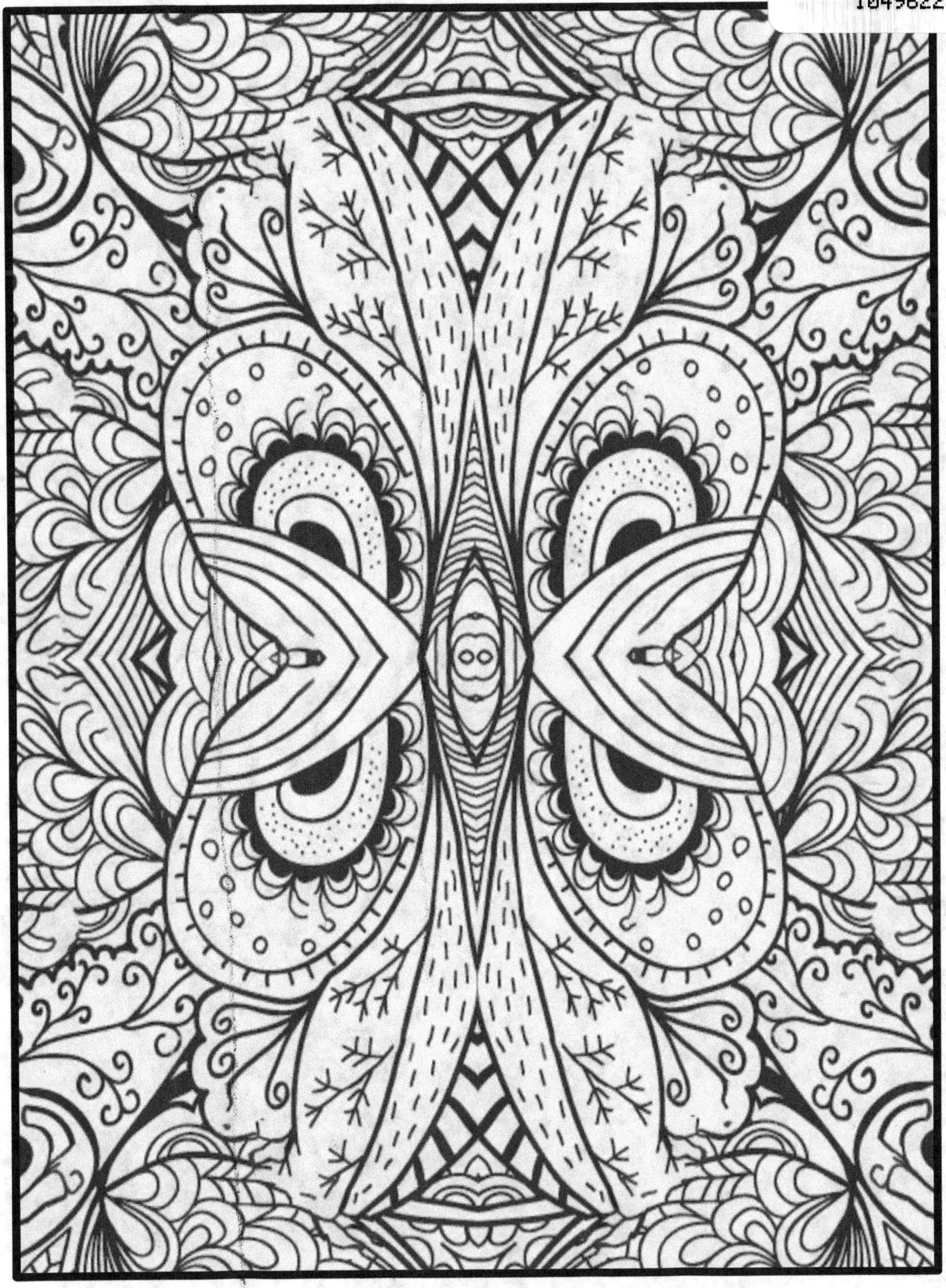

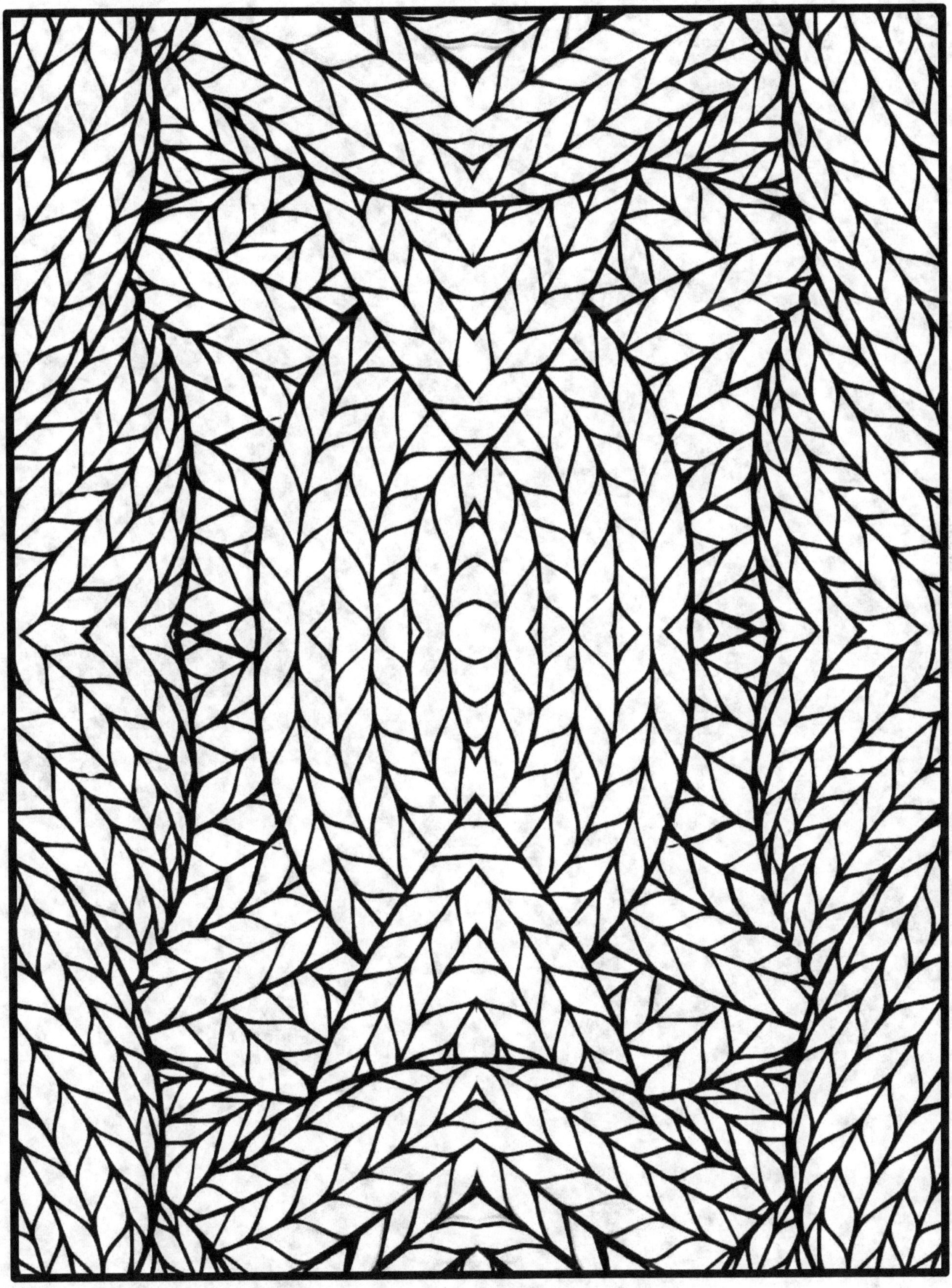

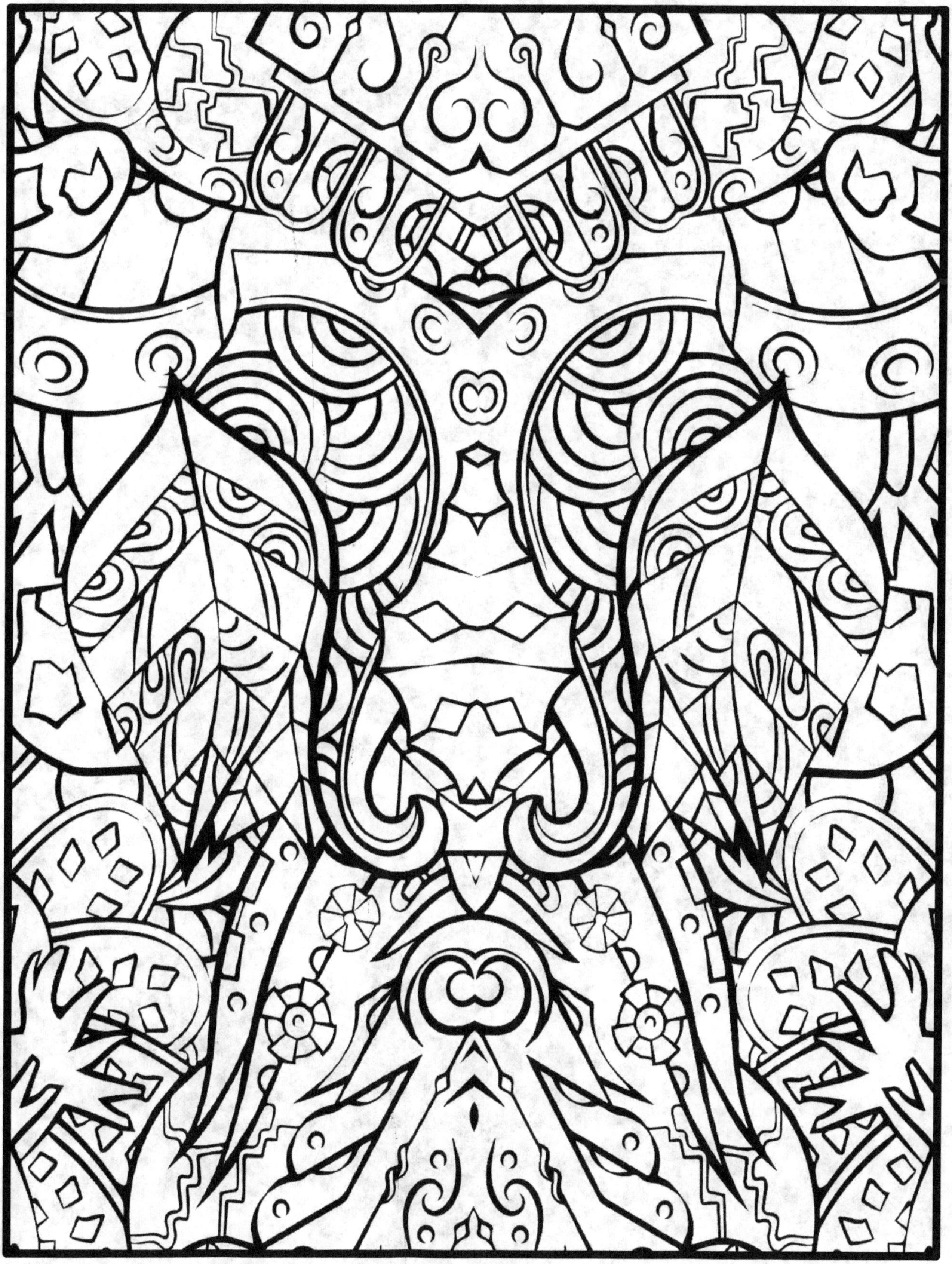

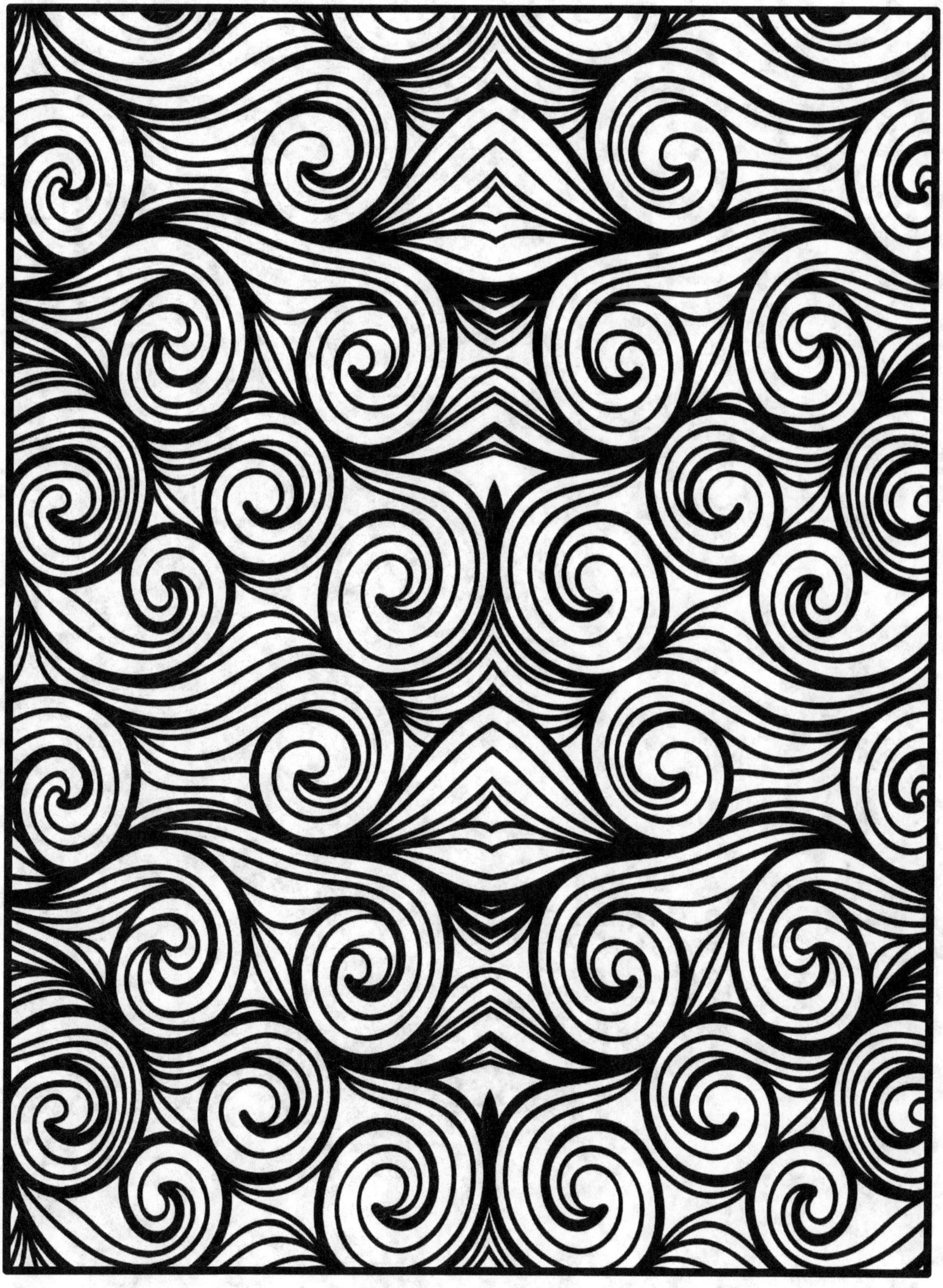

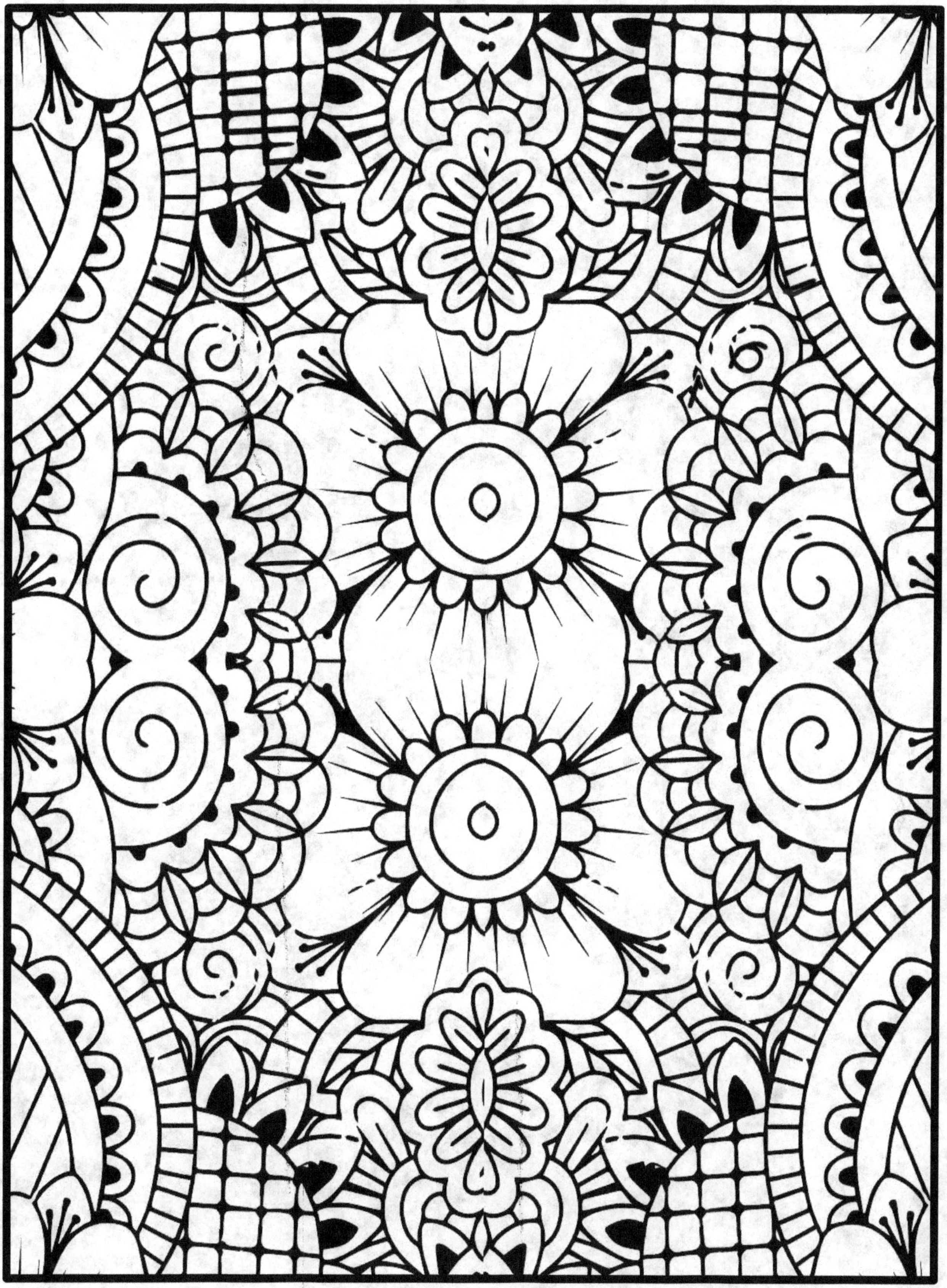

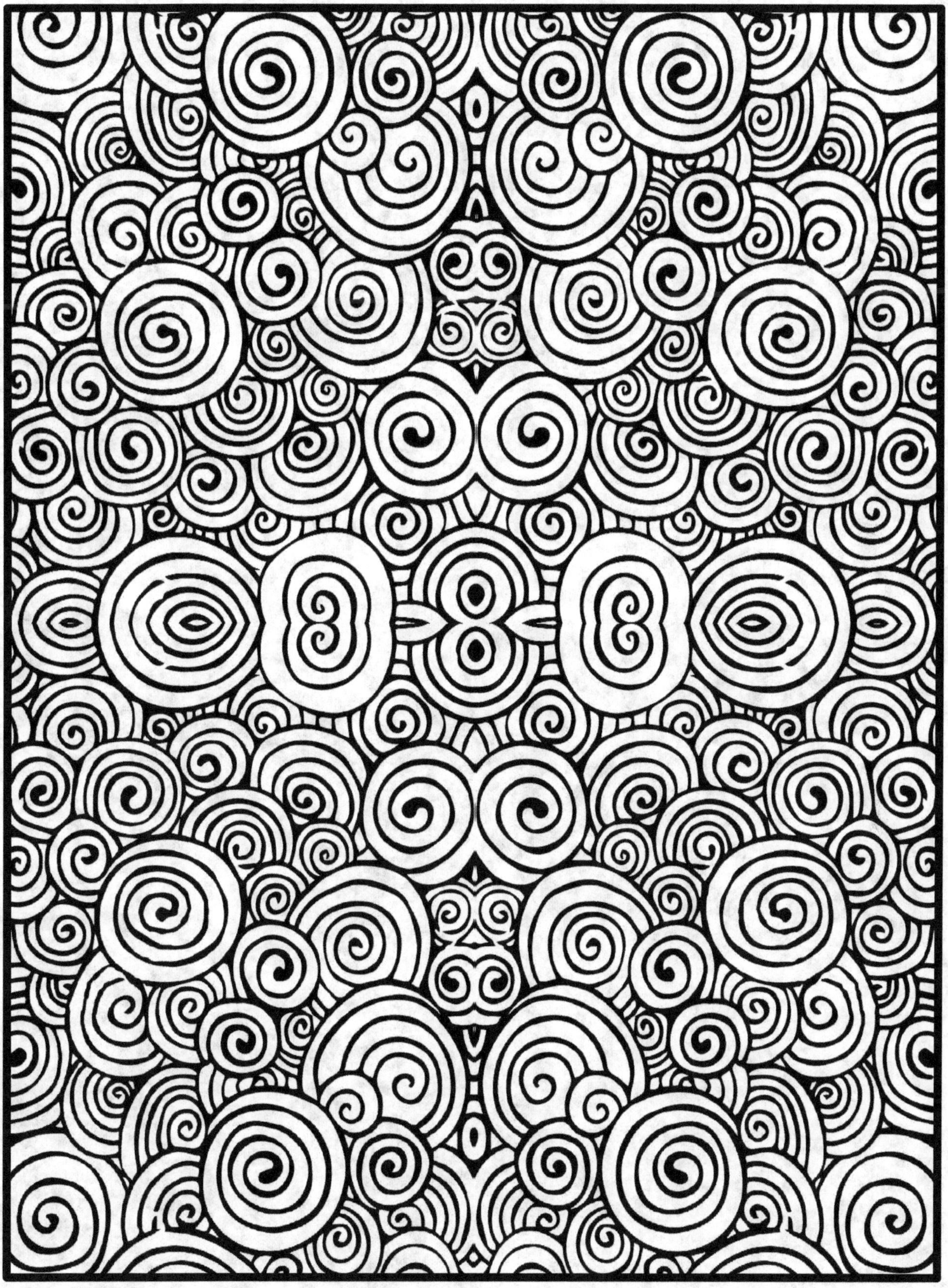

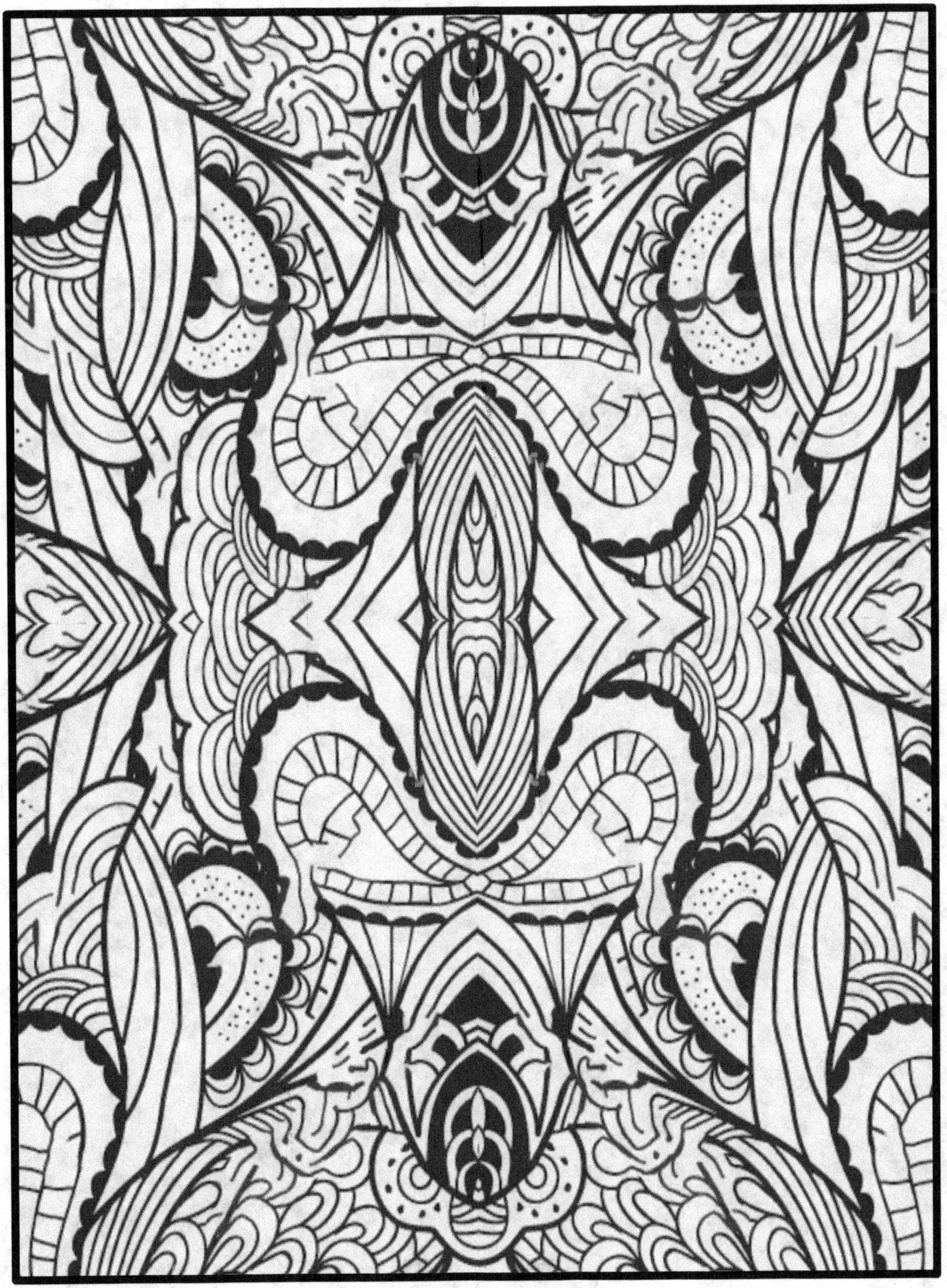

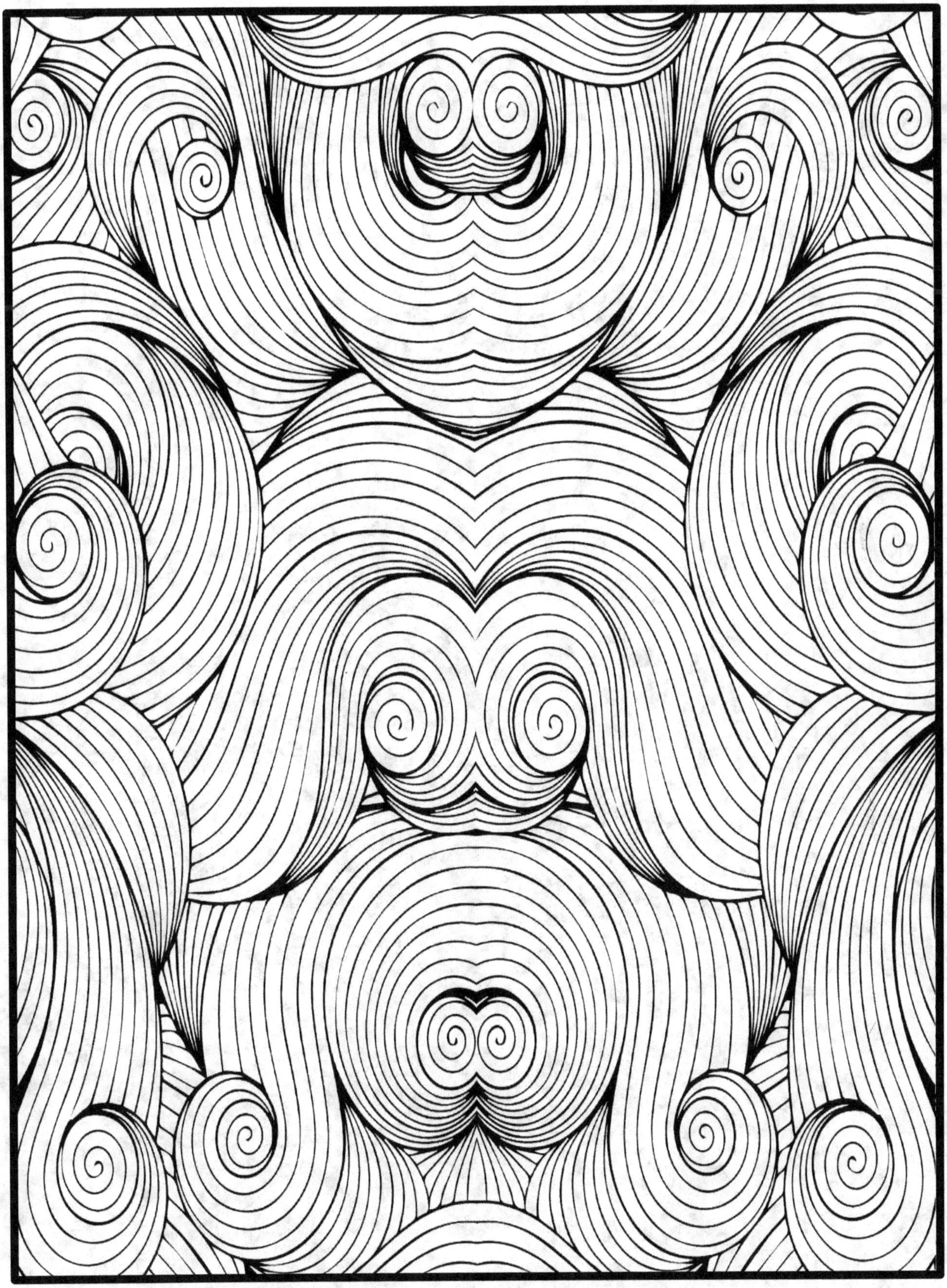

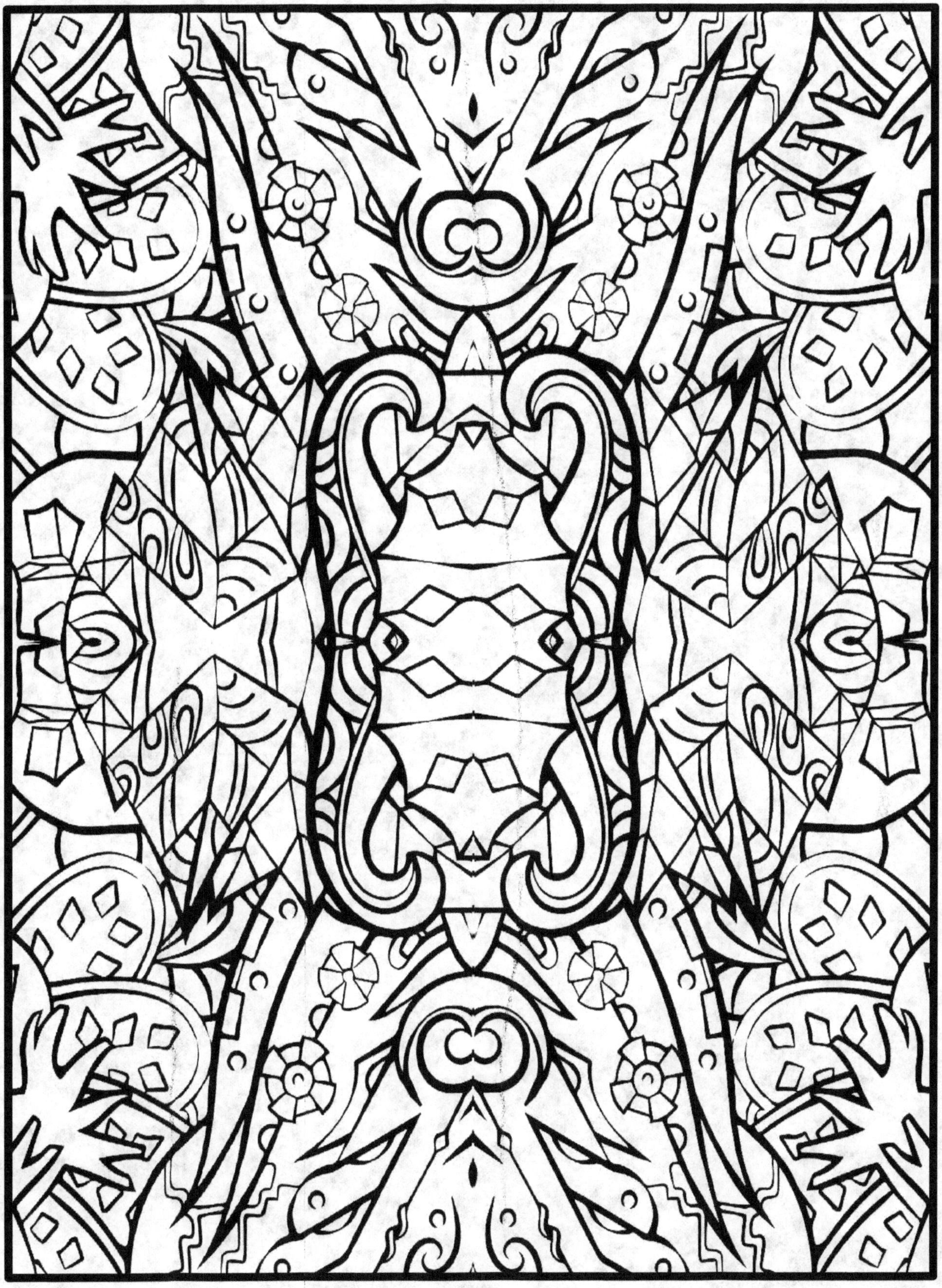

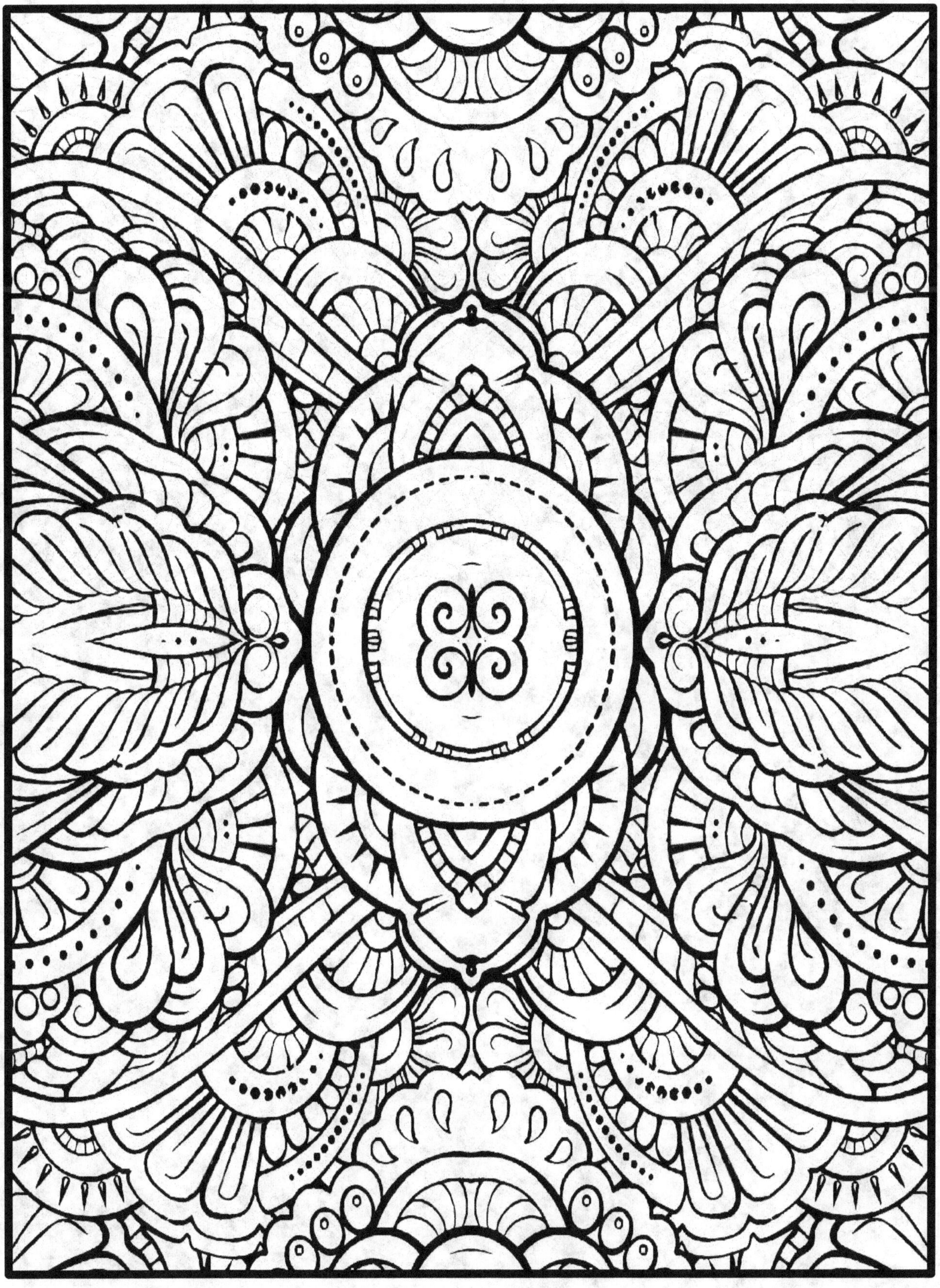

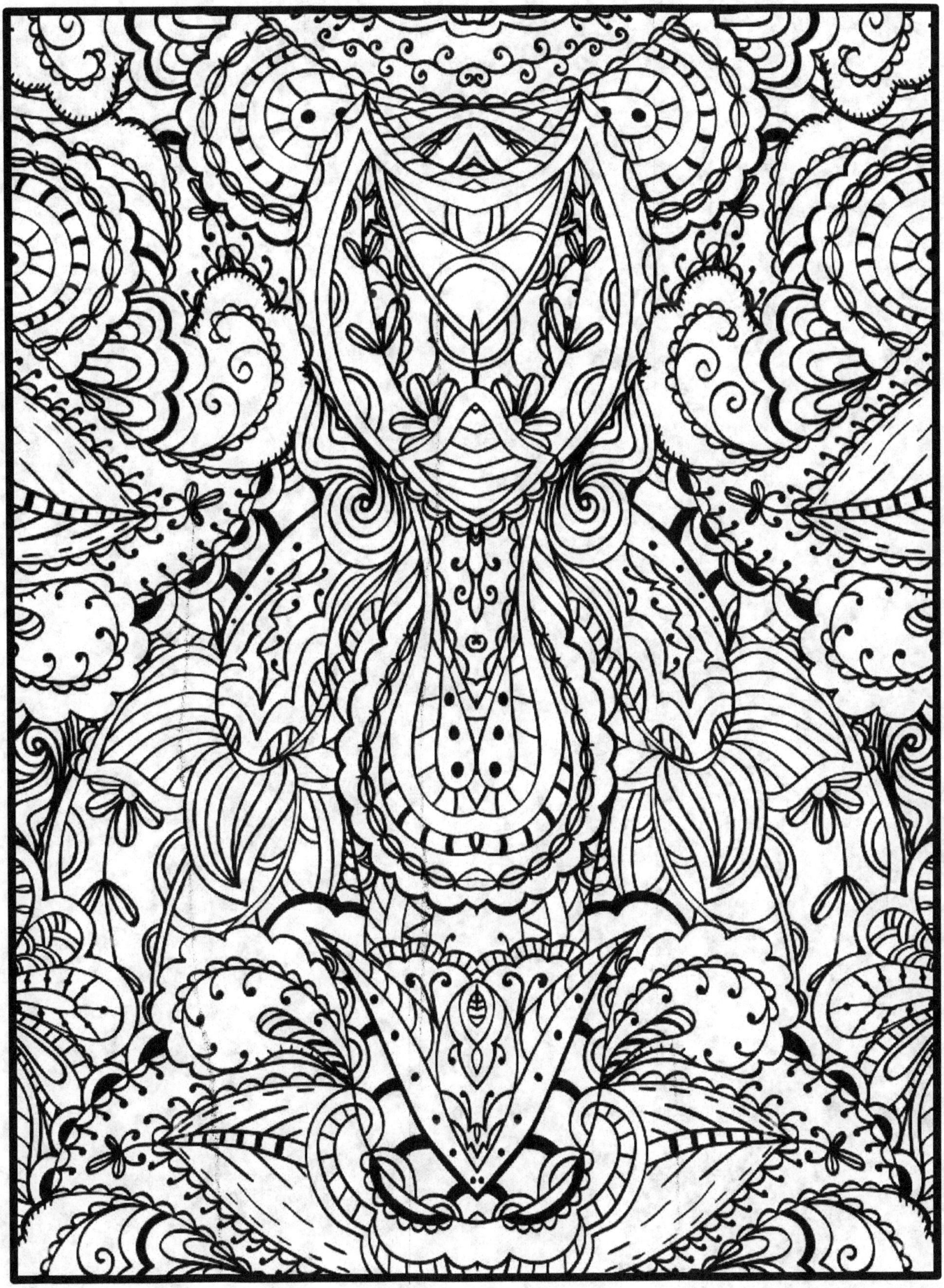

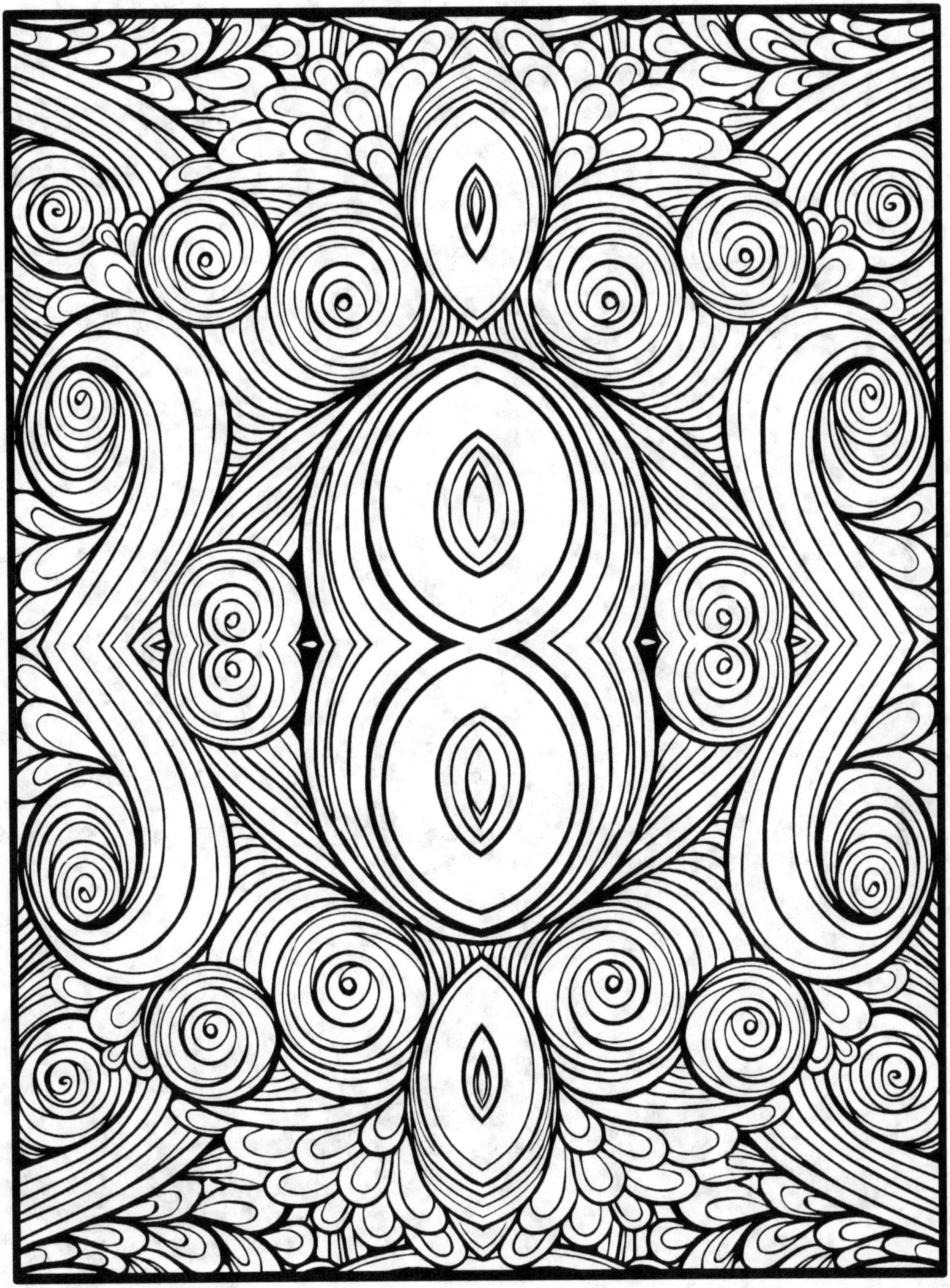

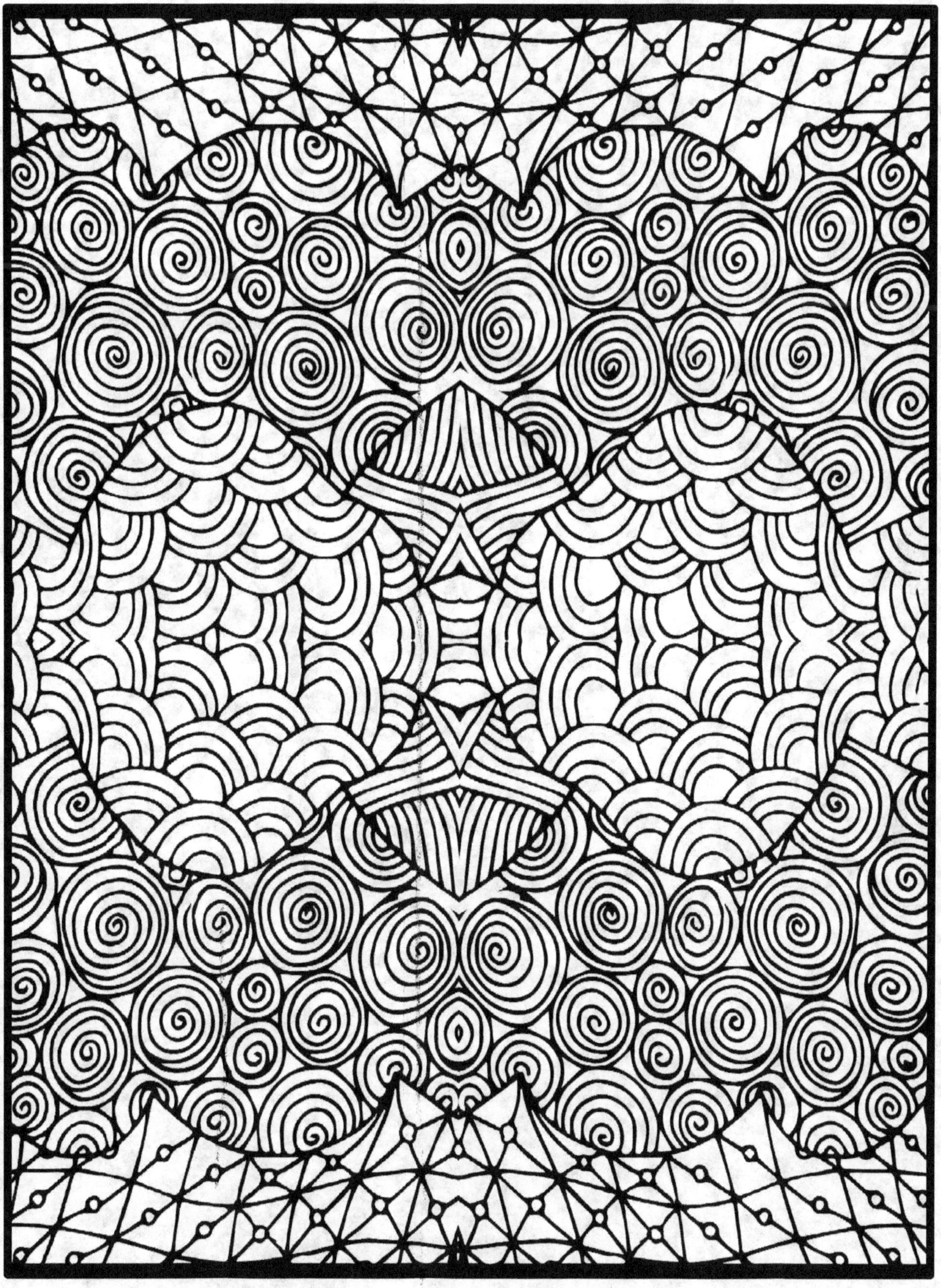

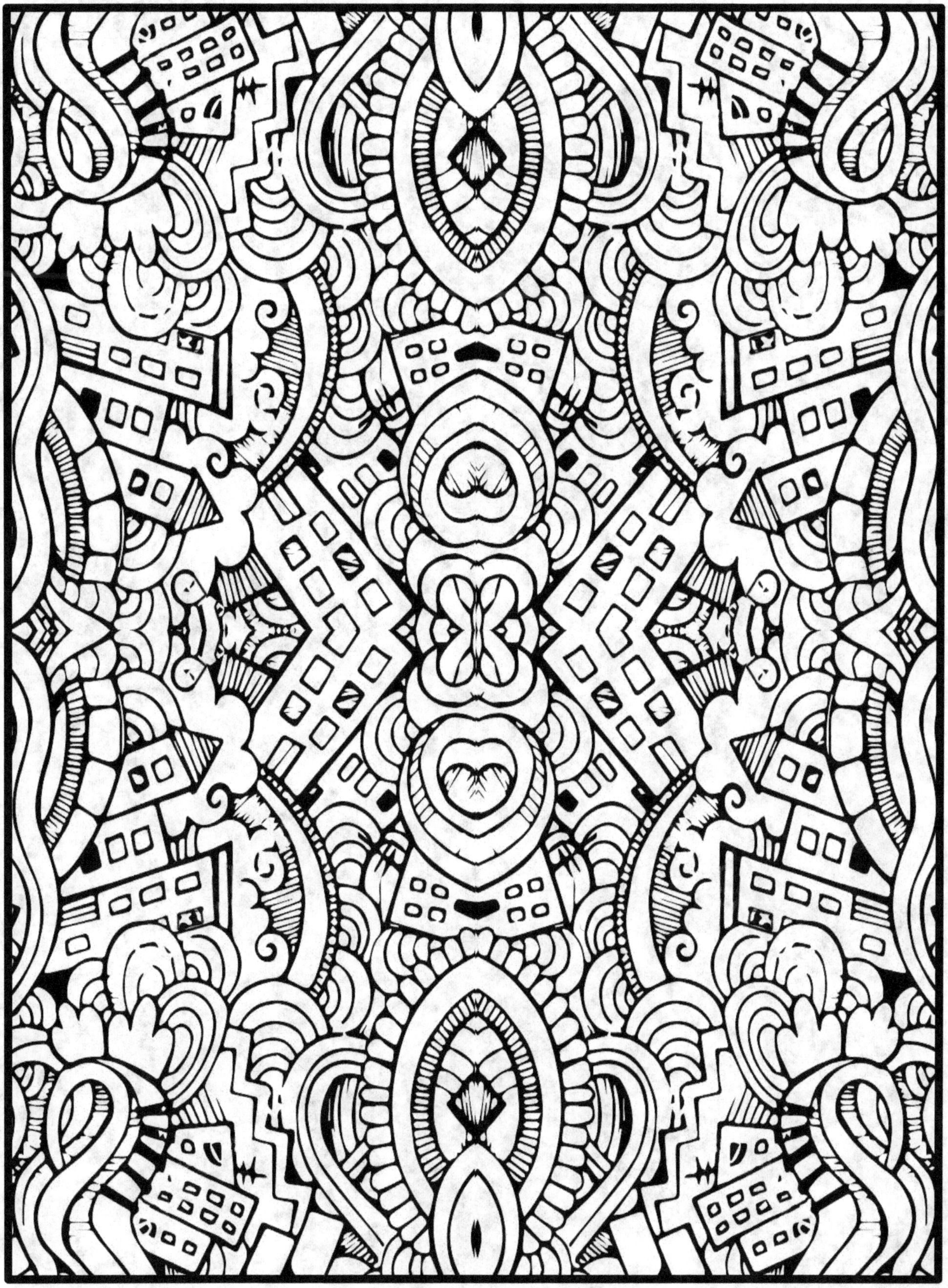

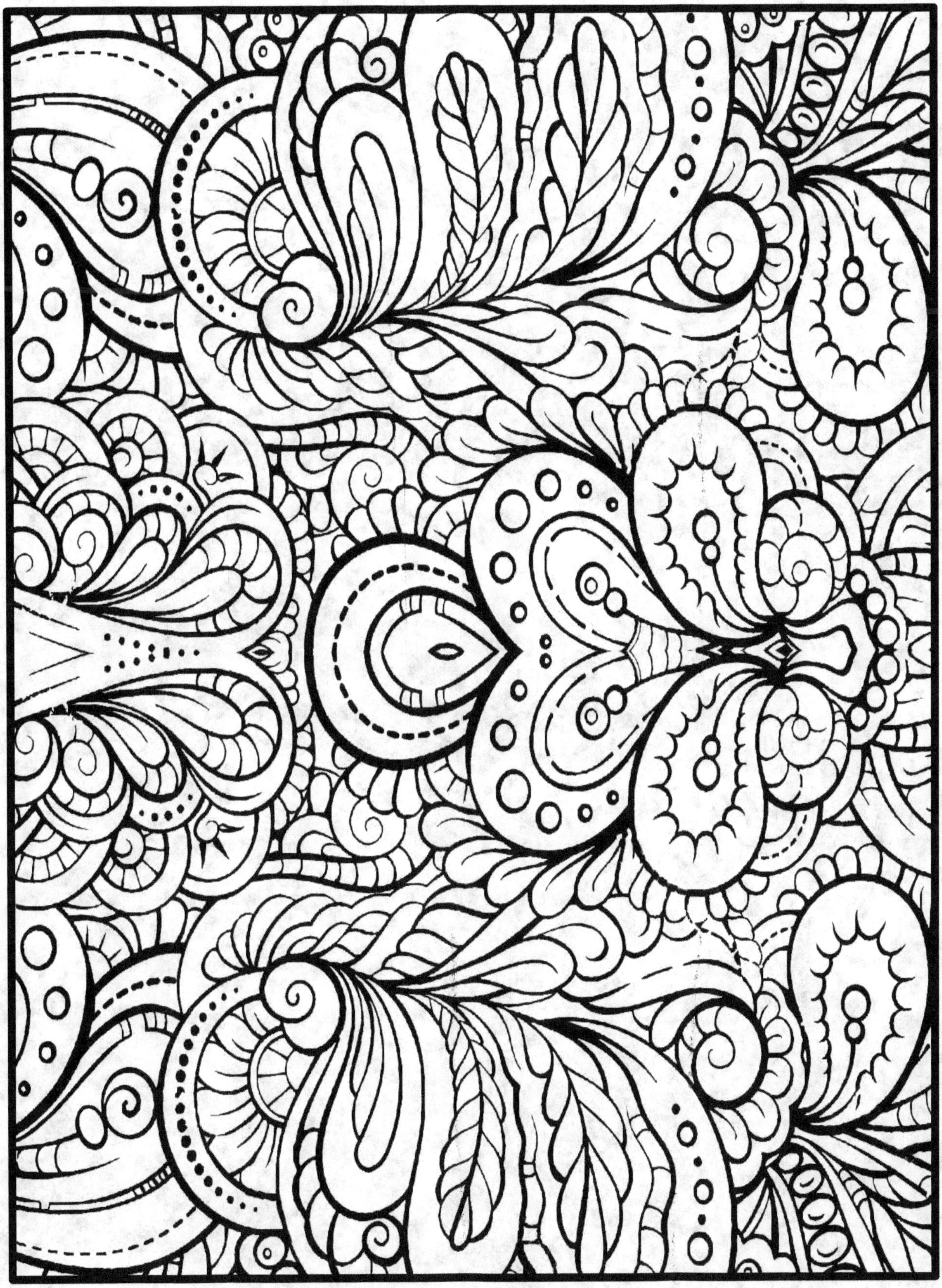

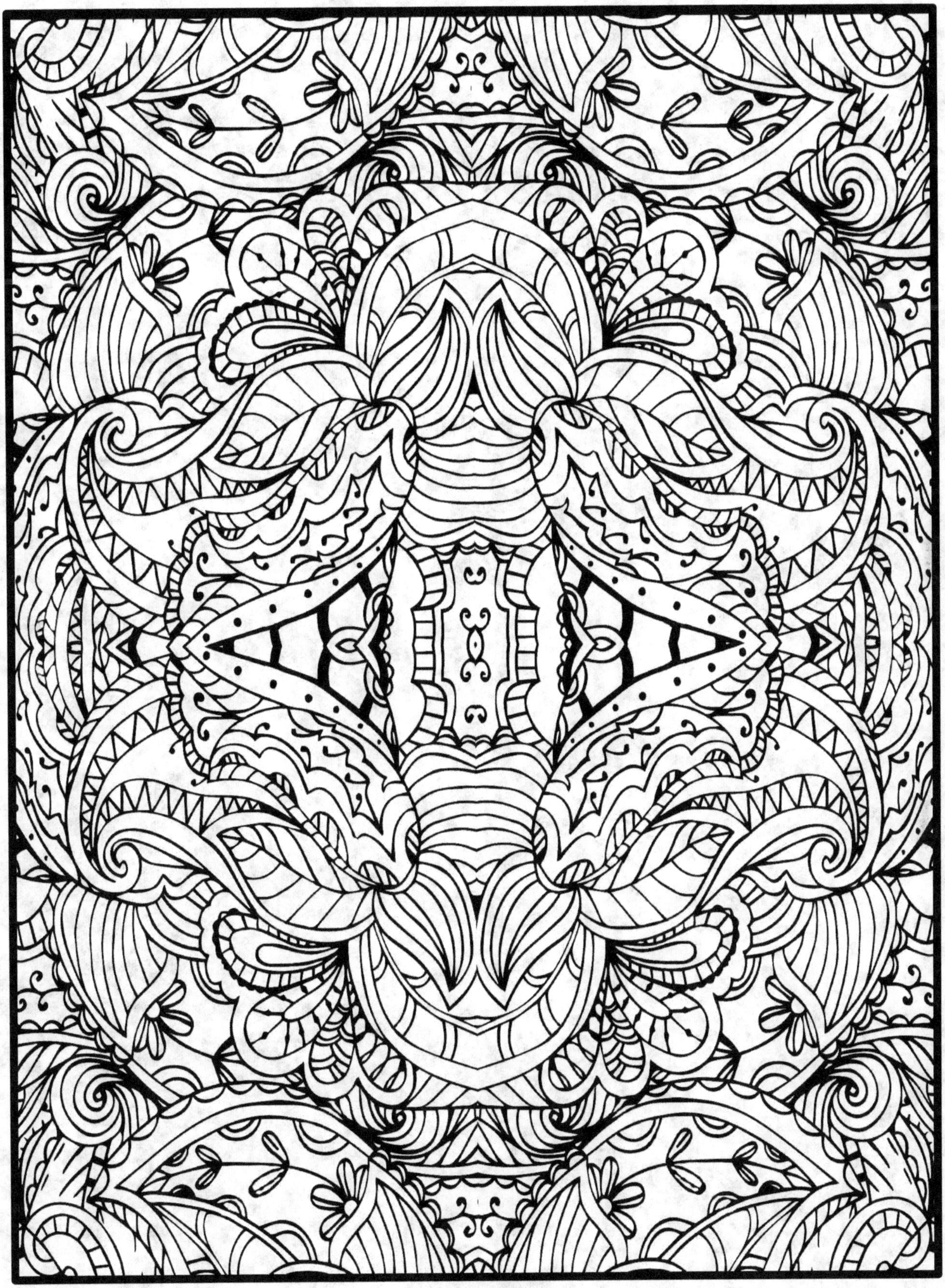

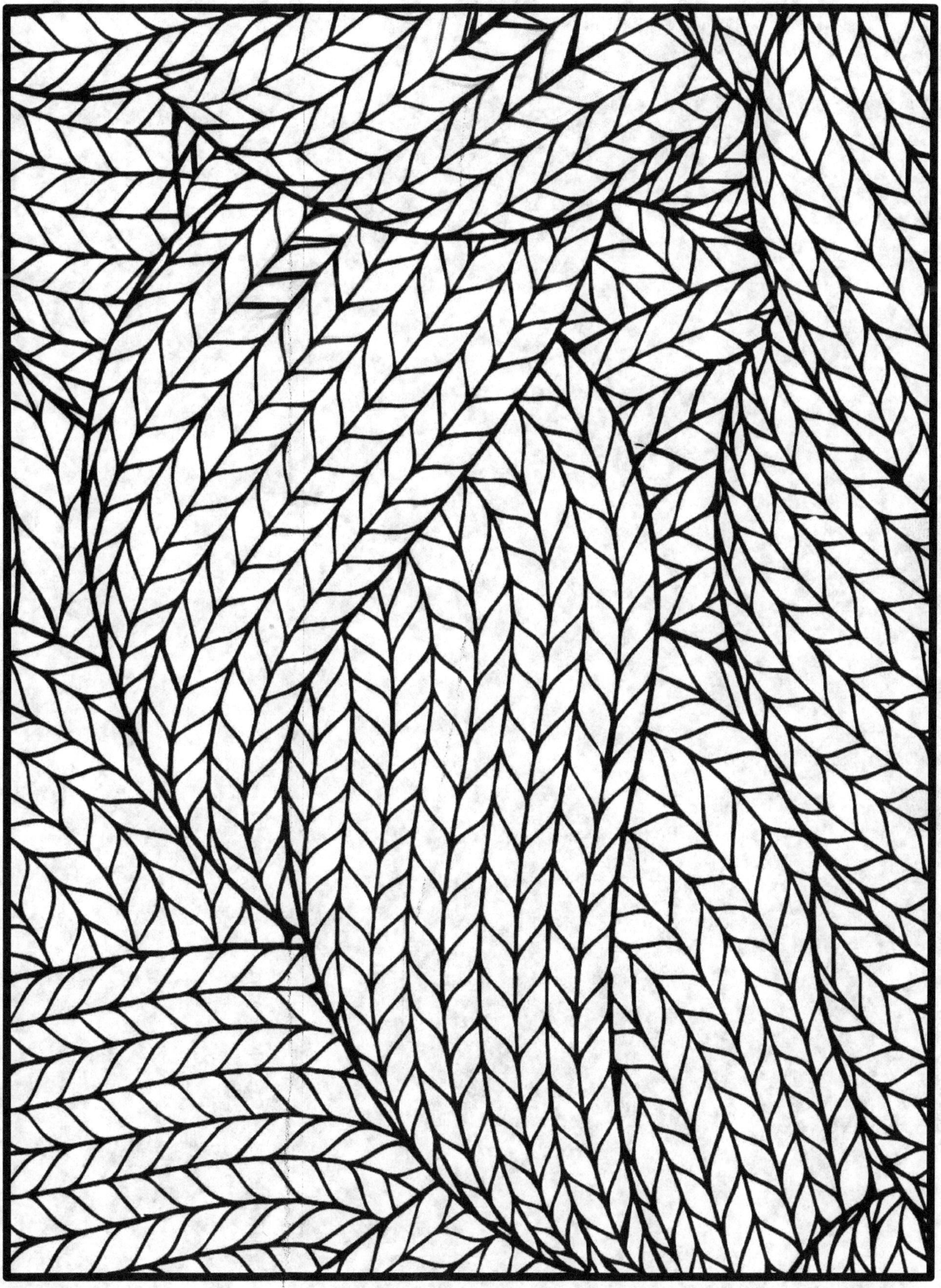

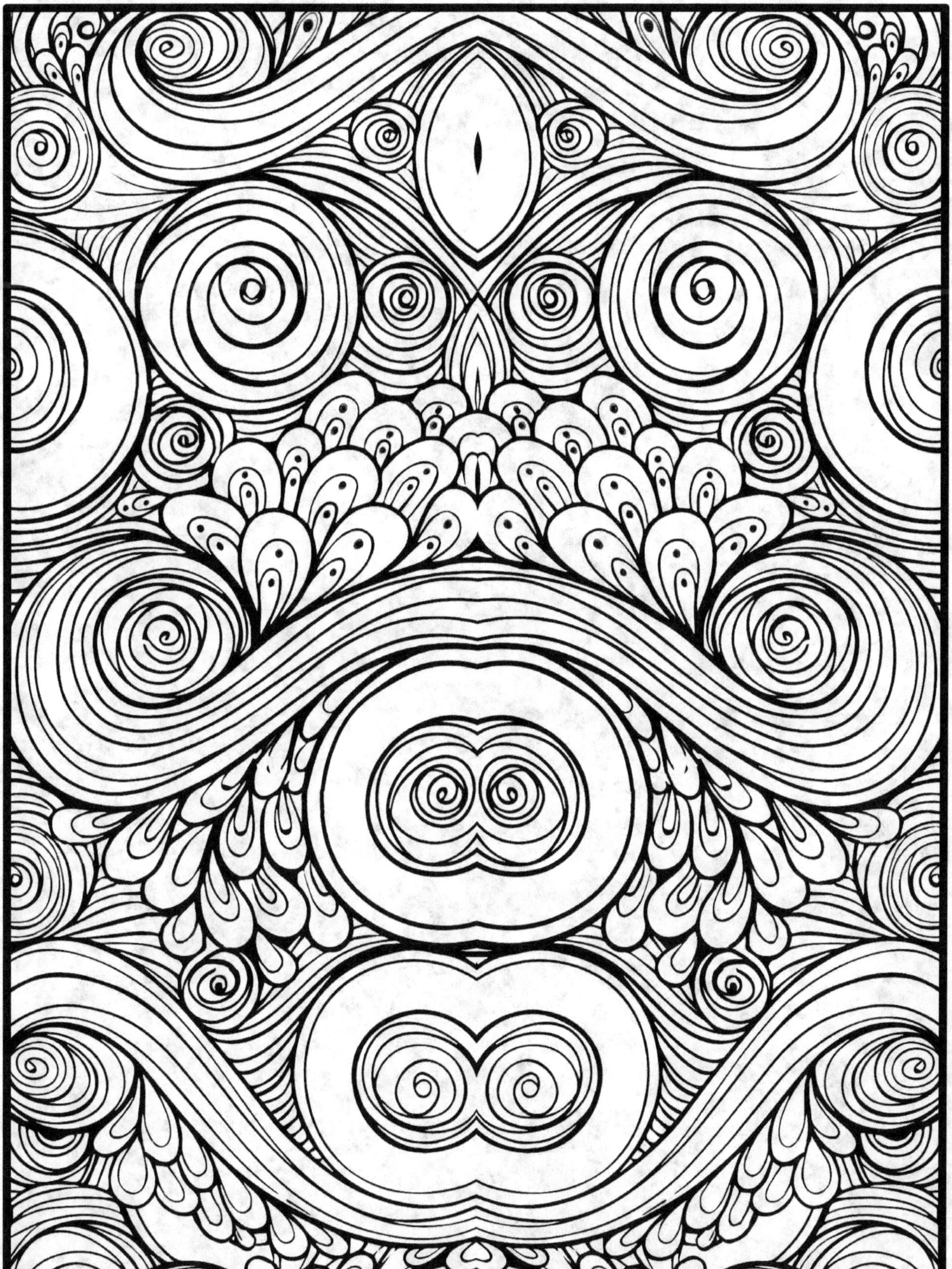

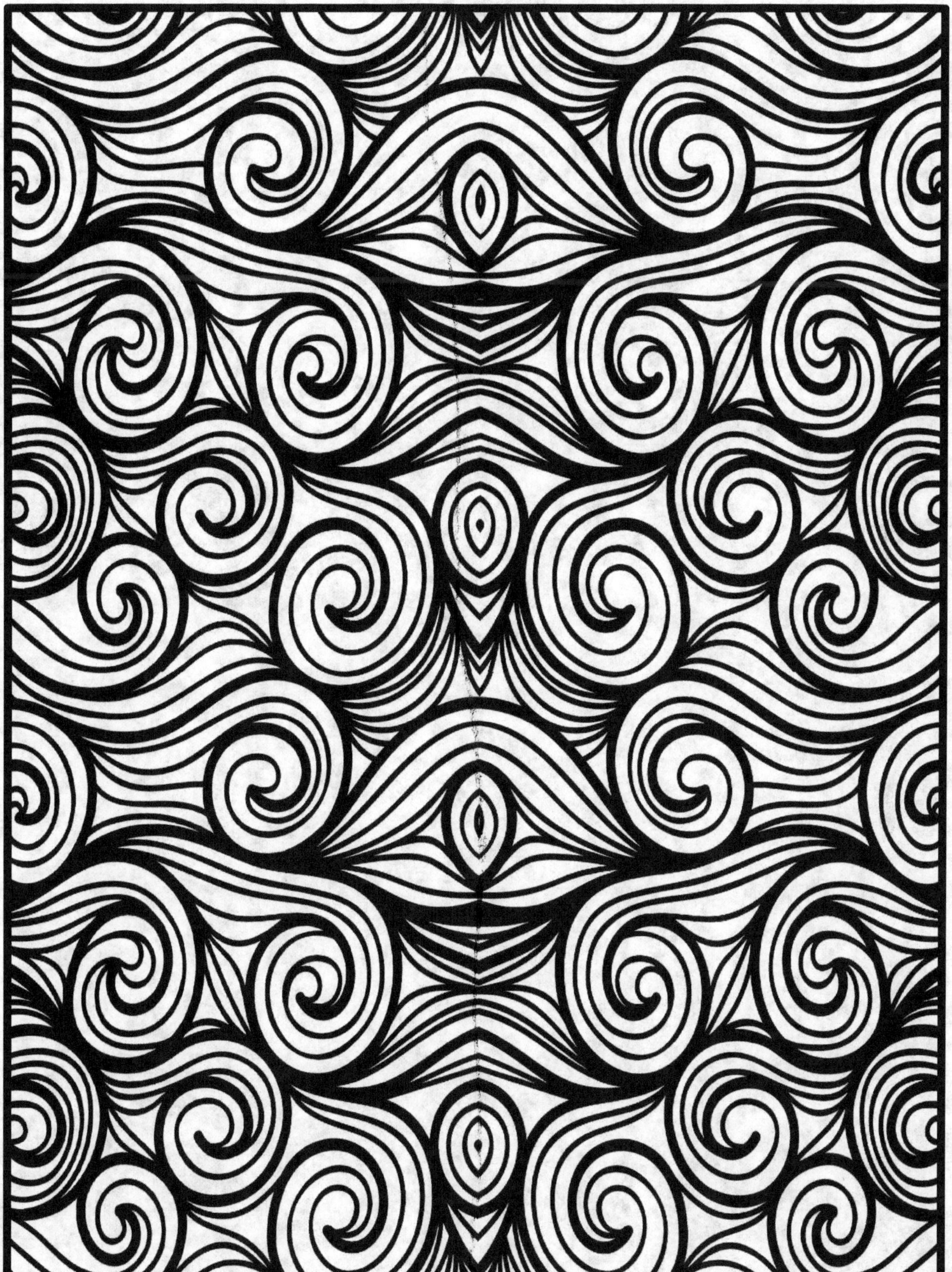

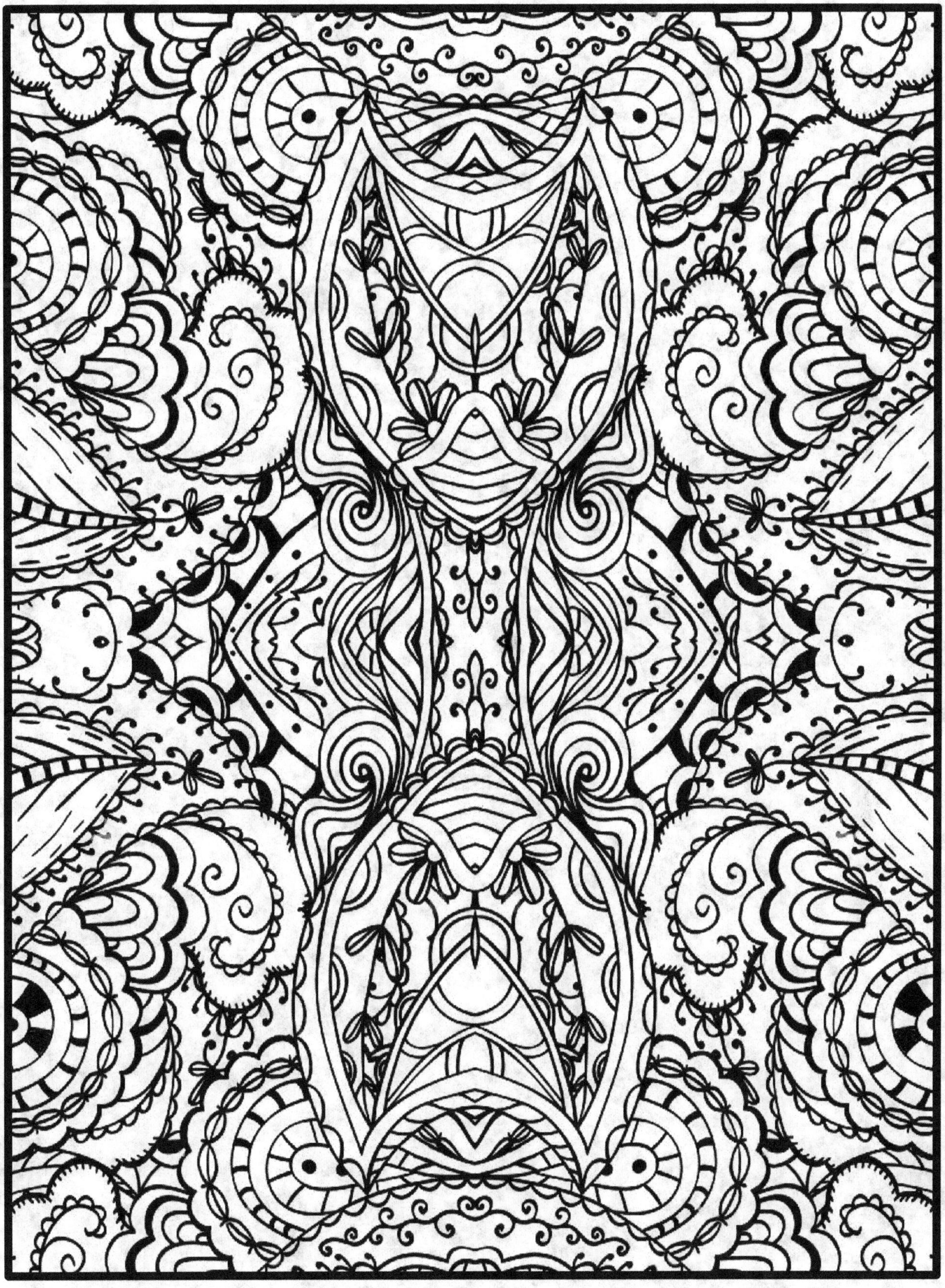

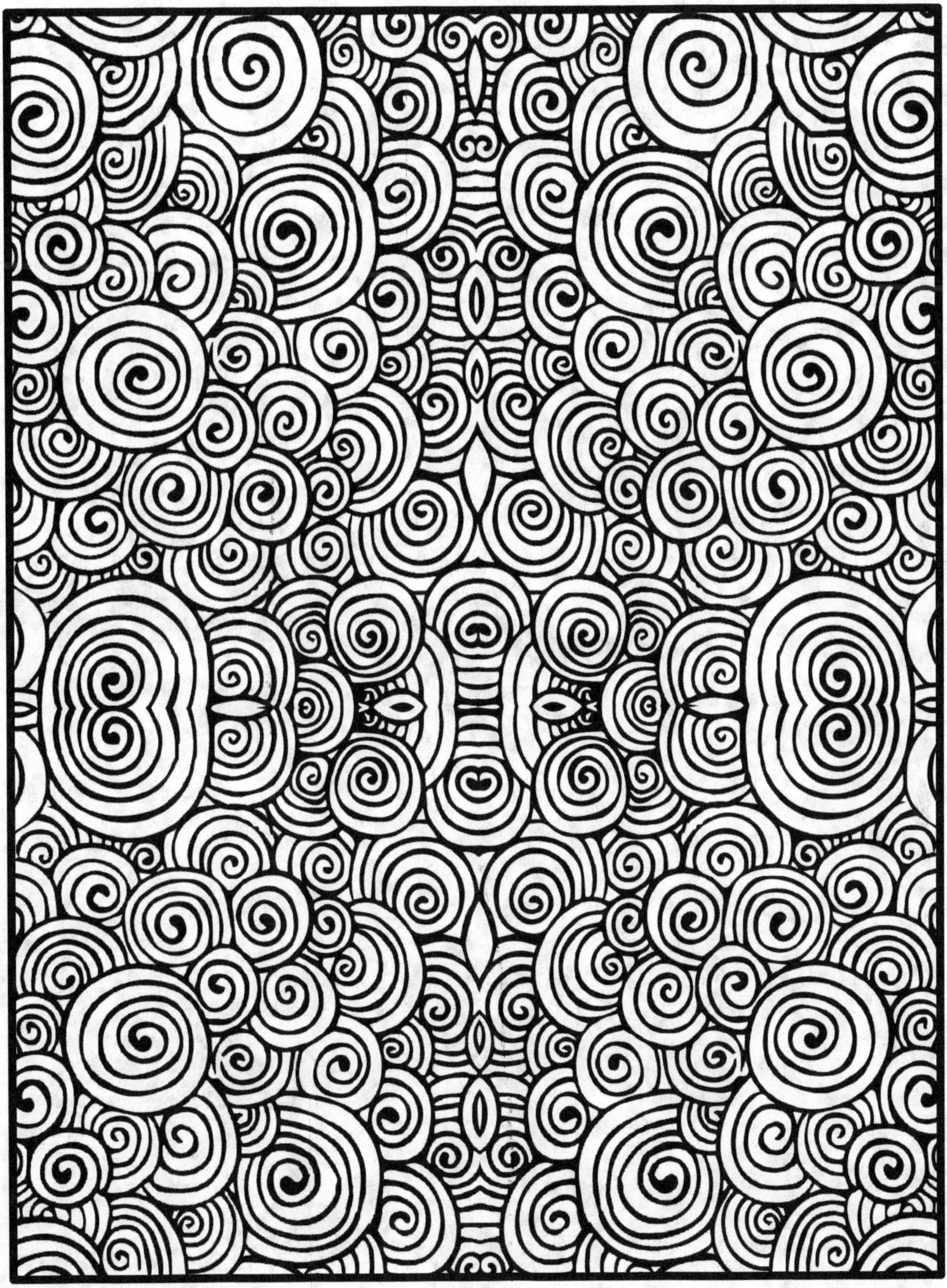

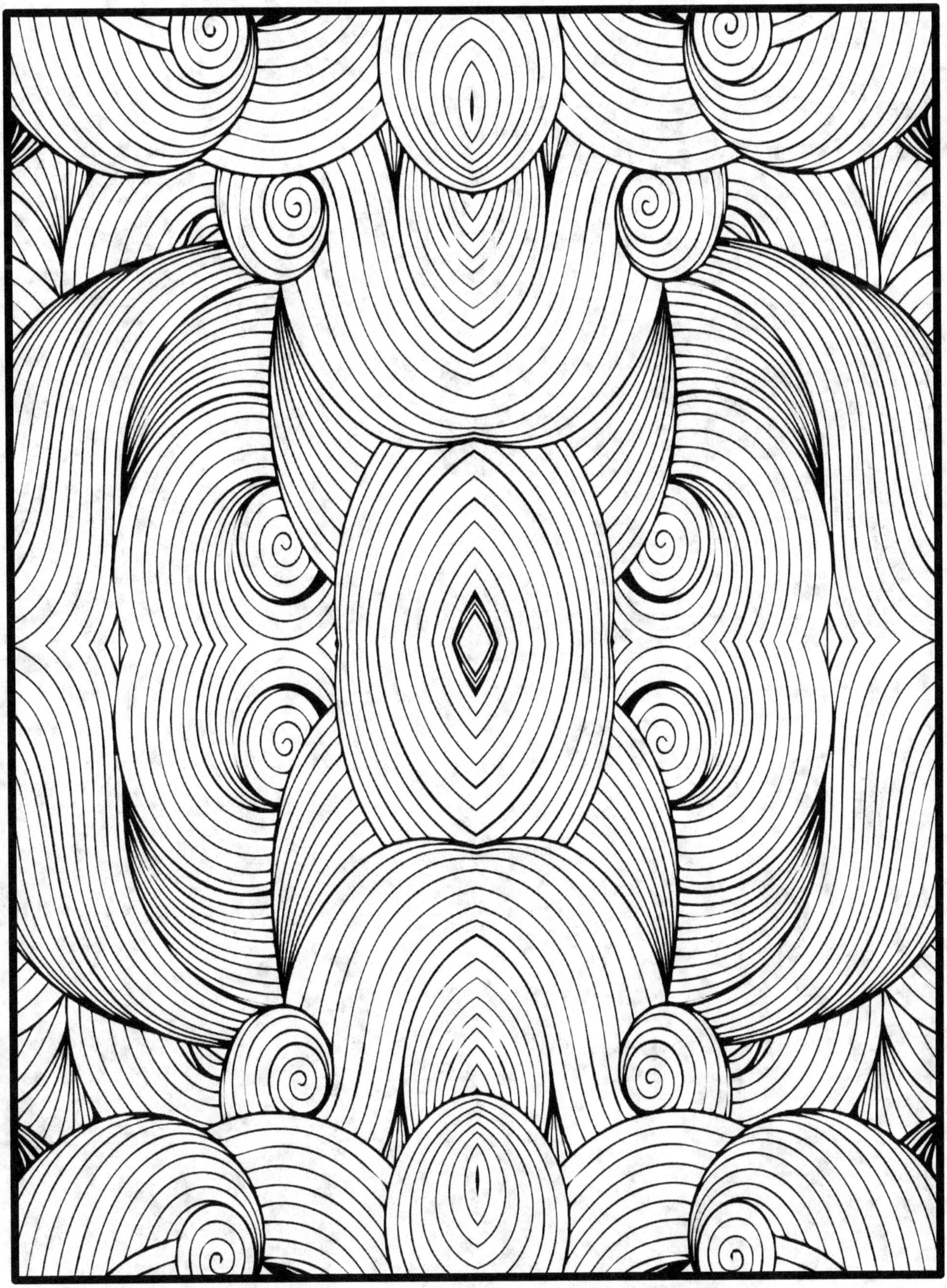

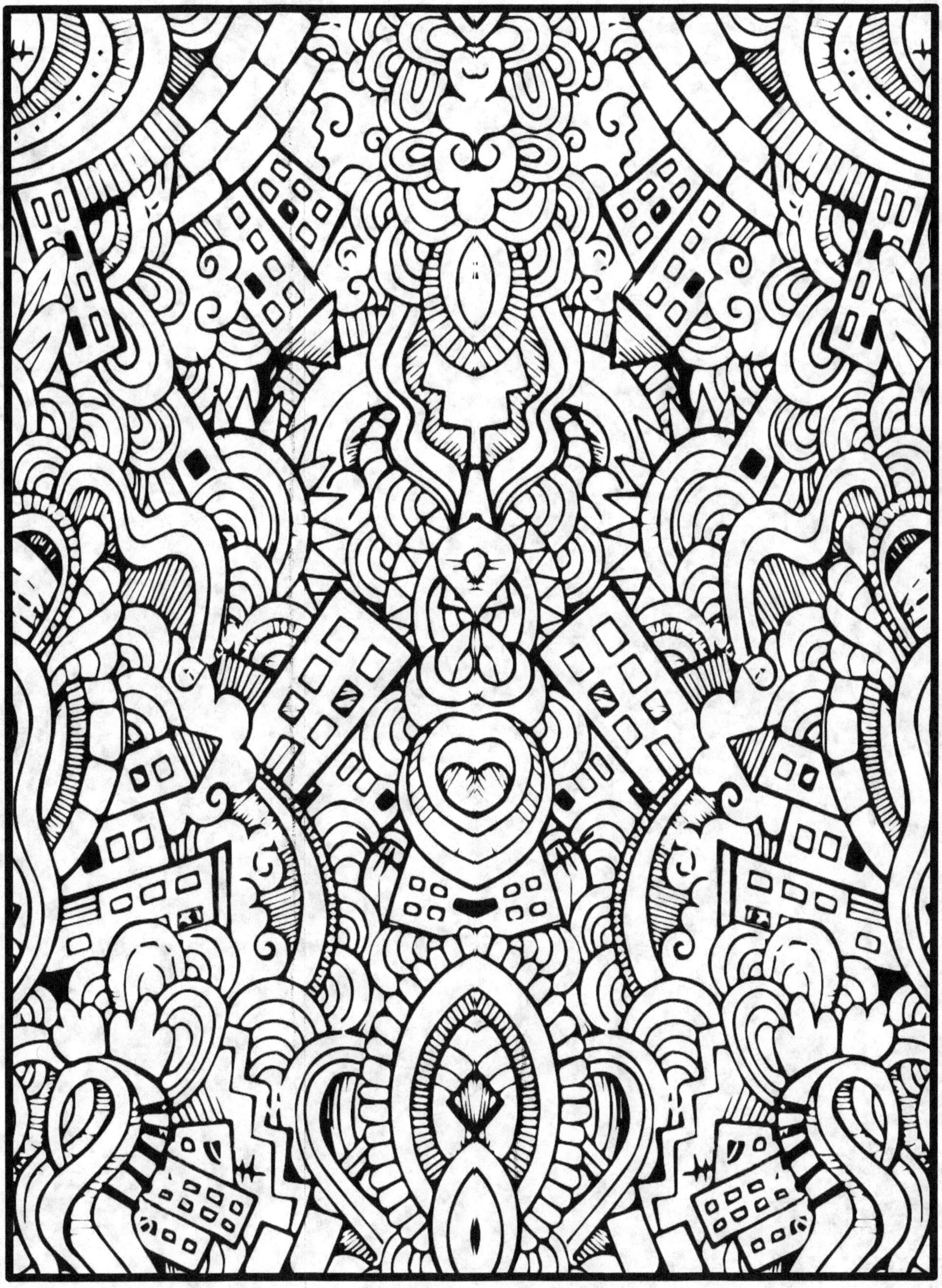

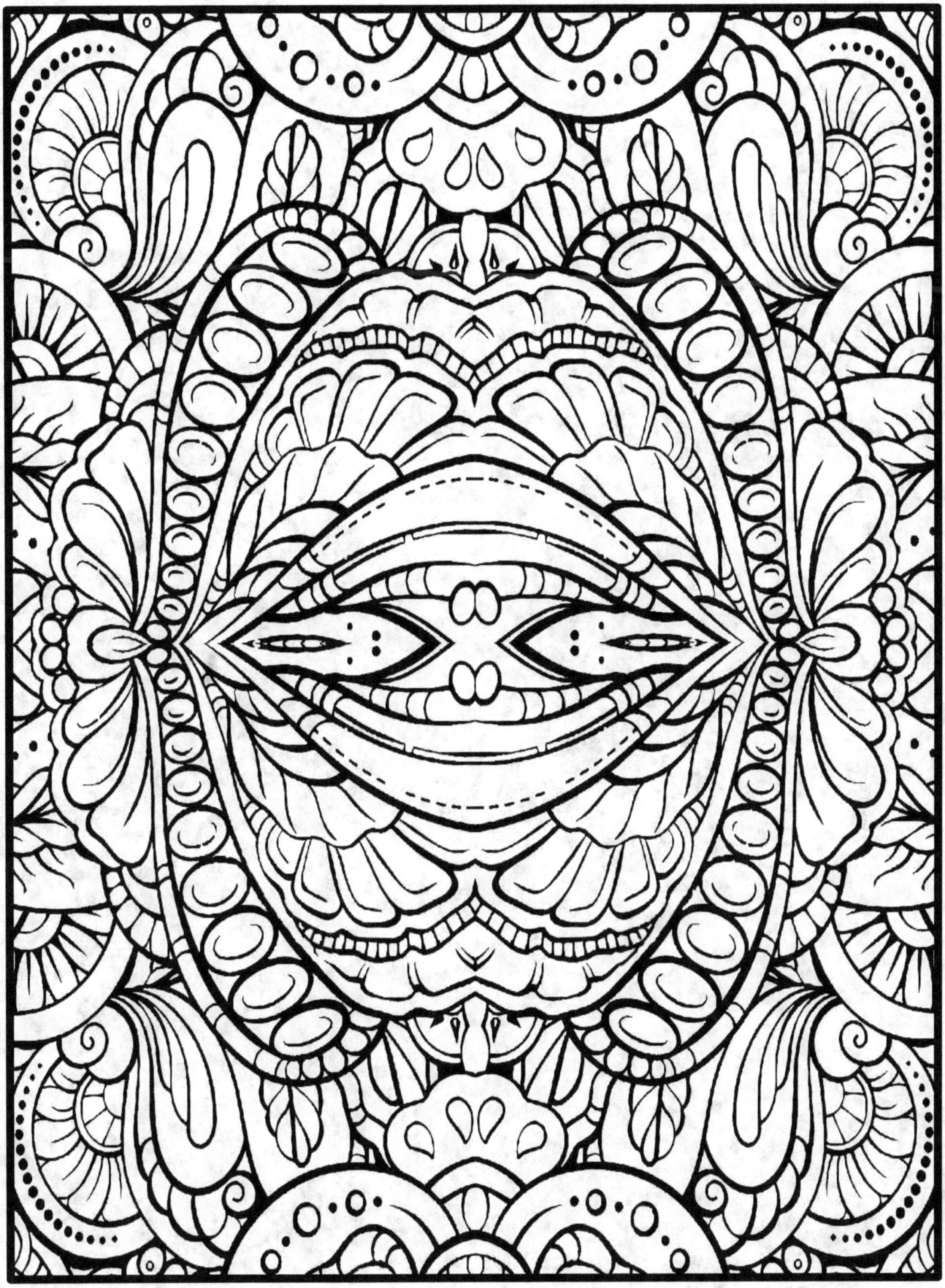

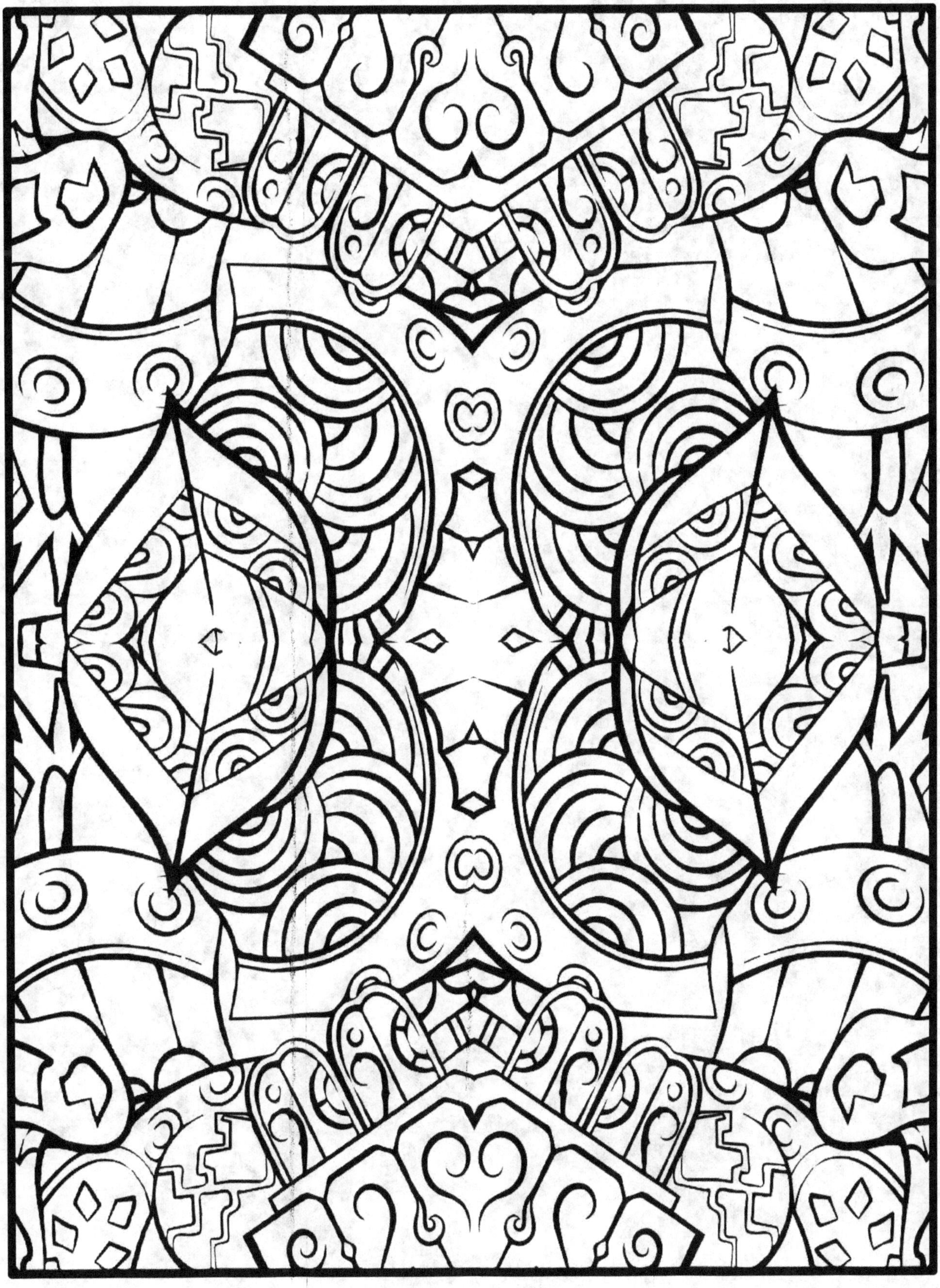

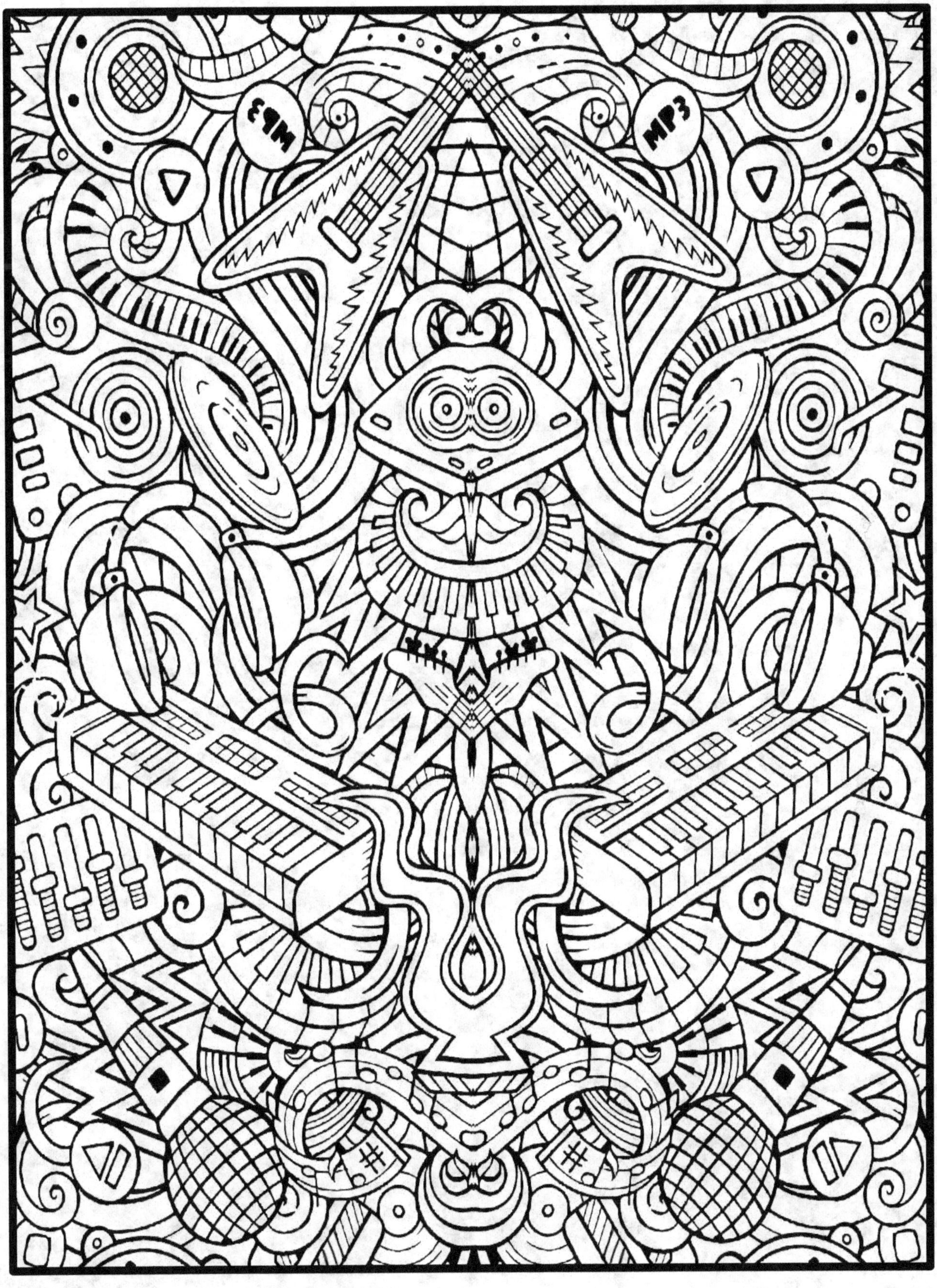
MP3

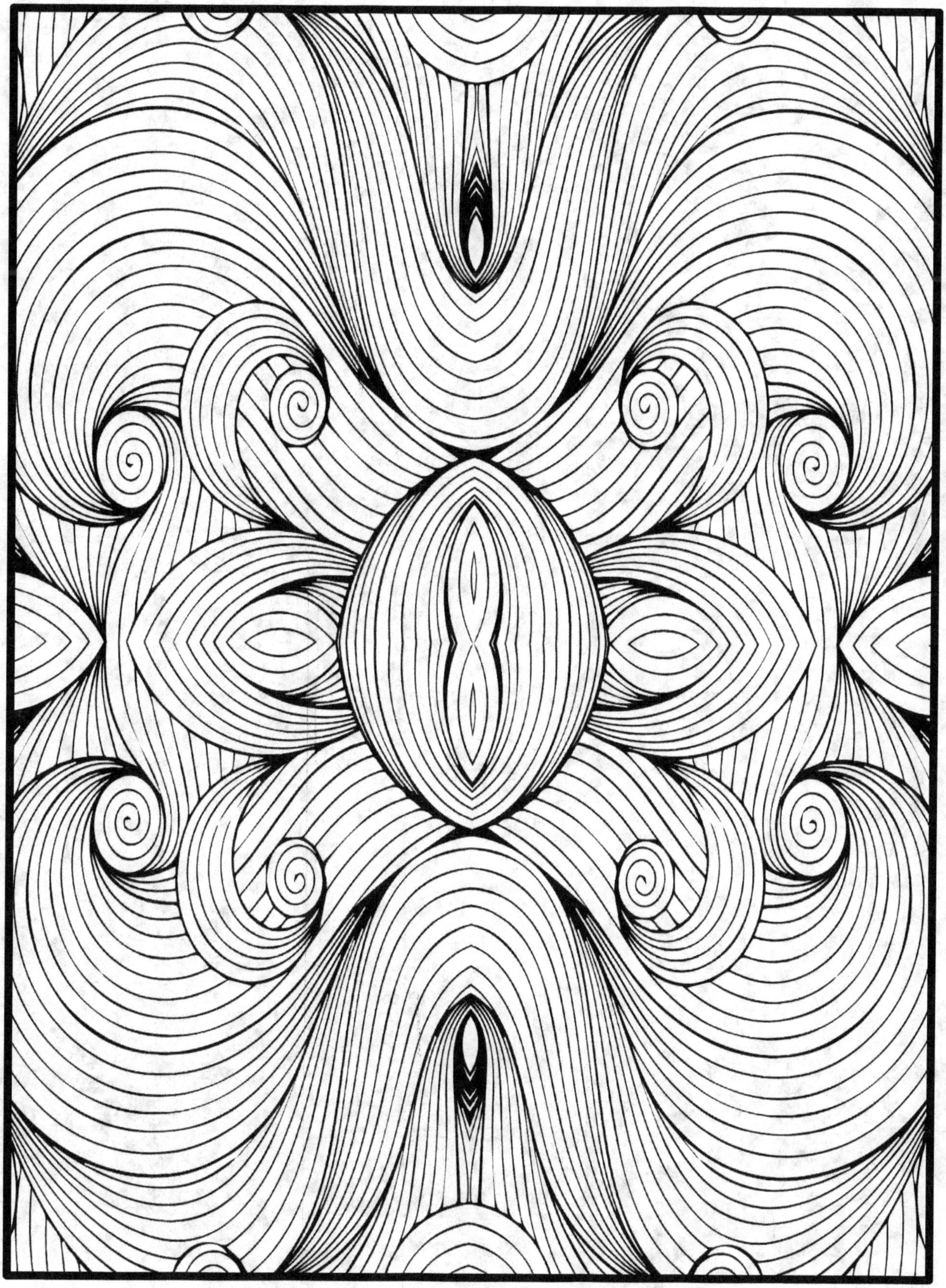

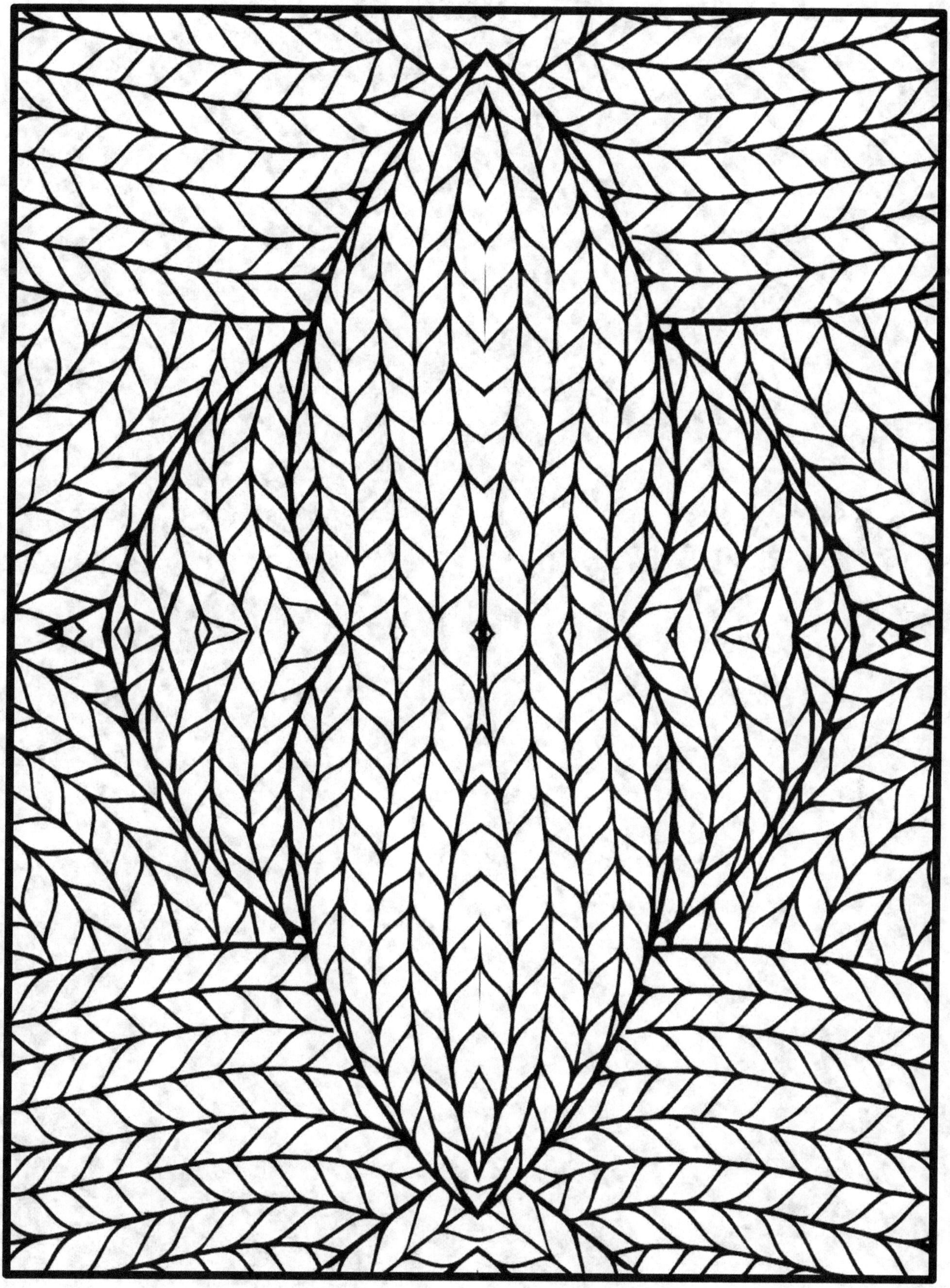

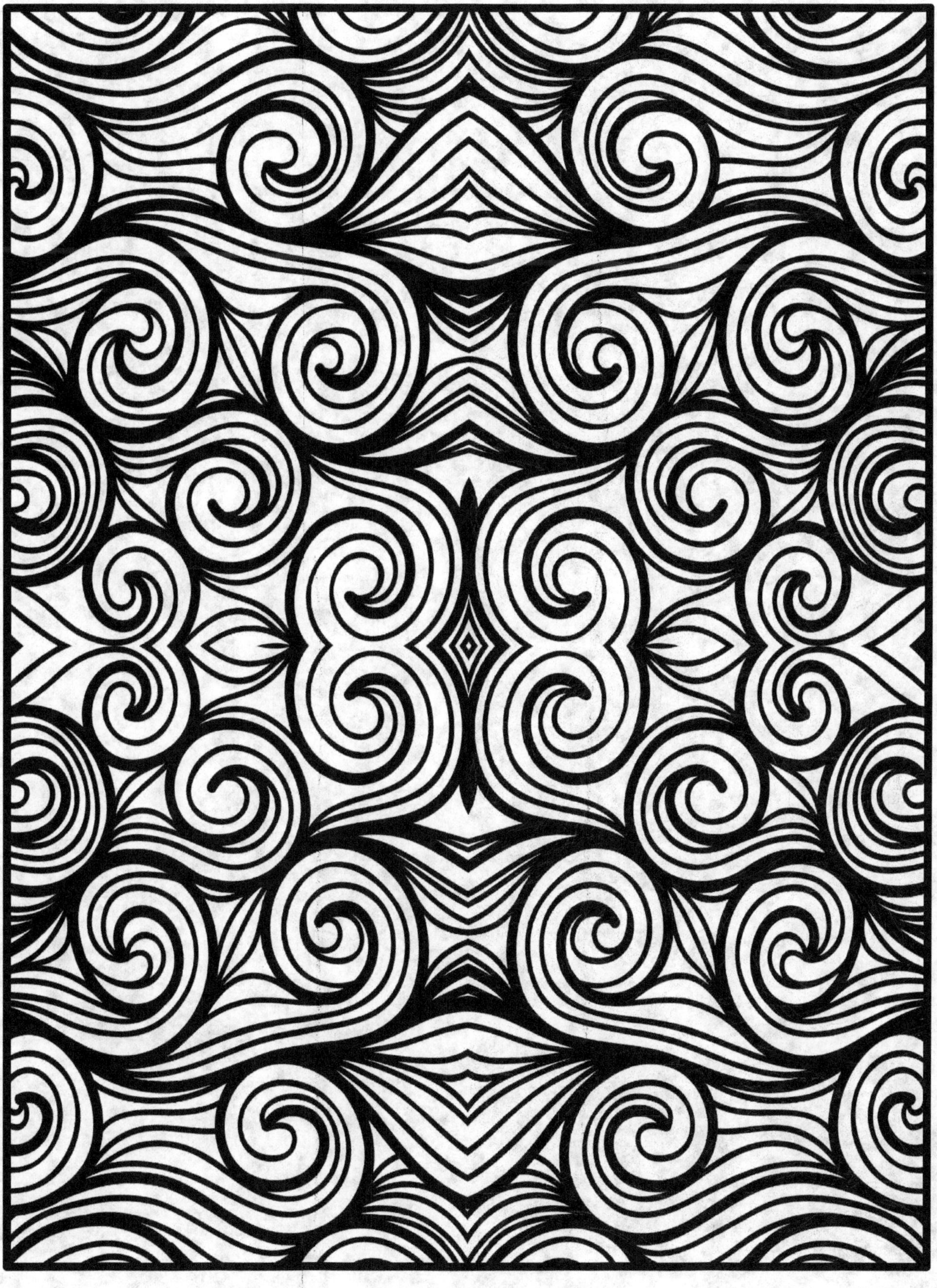

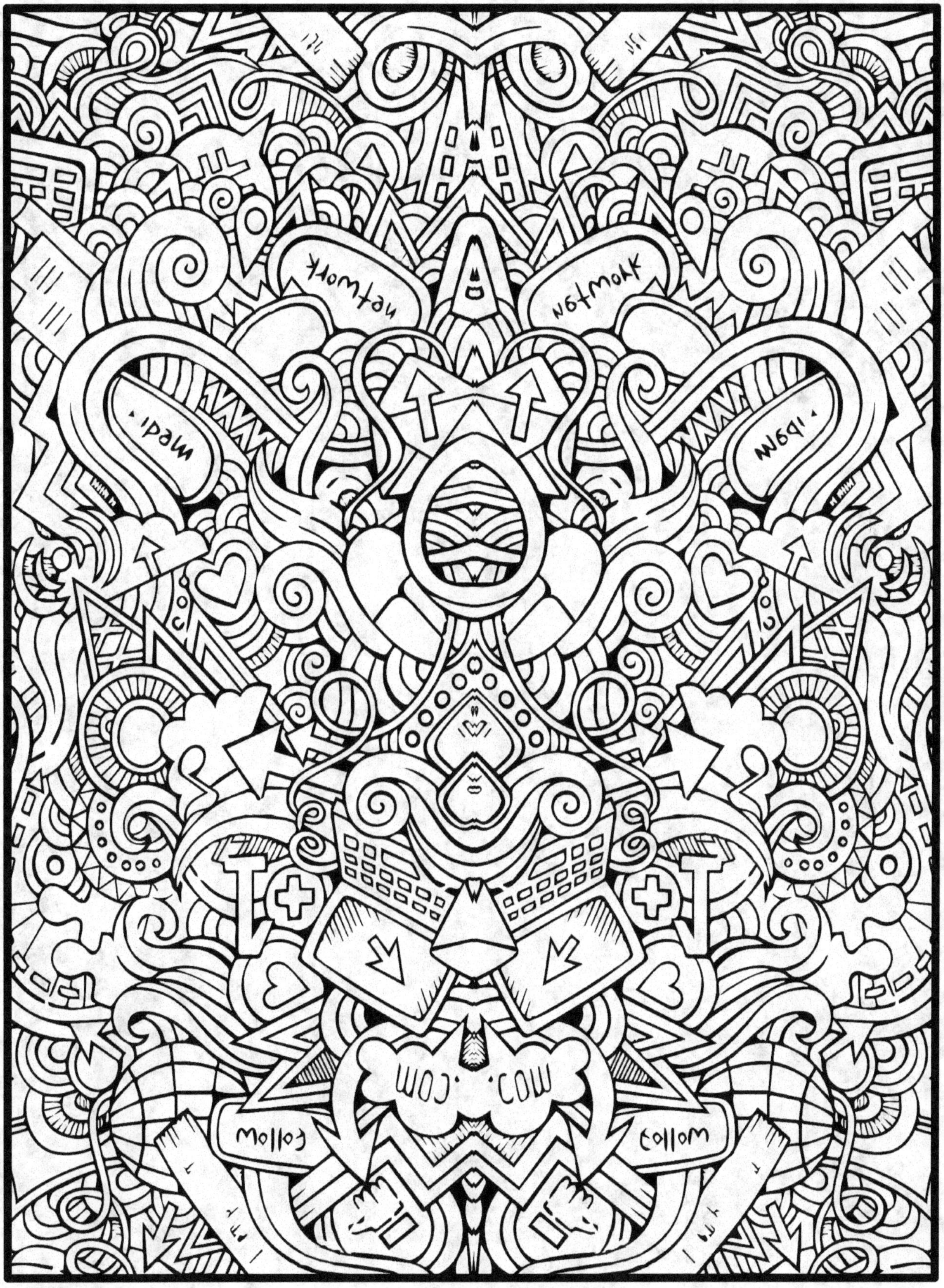
network
.com
follow

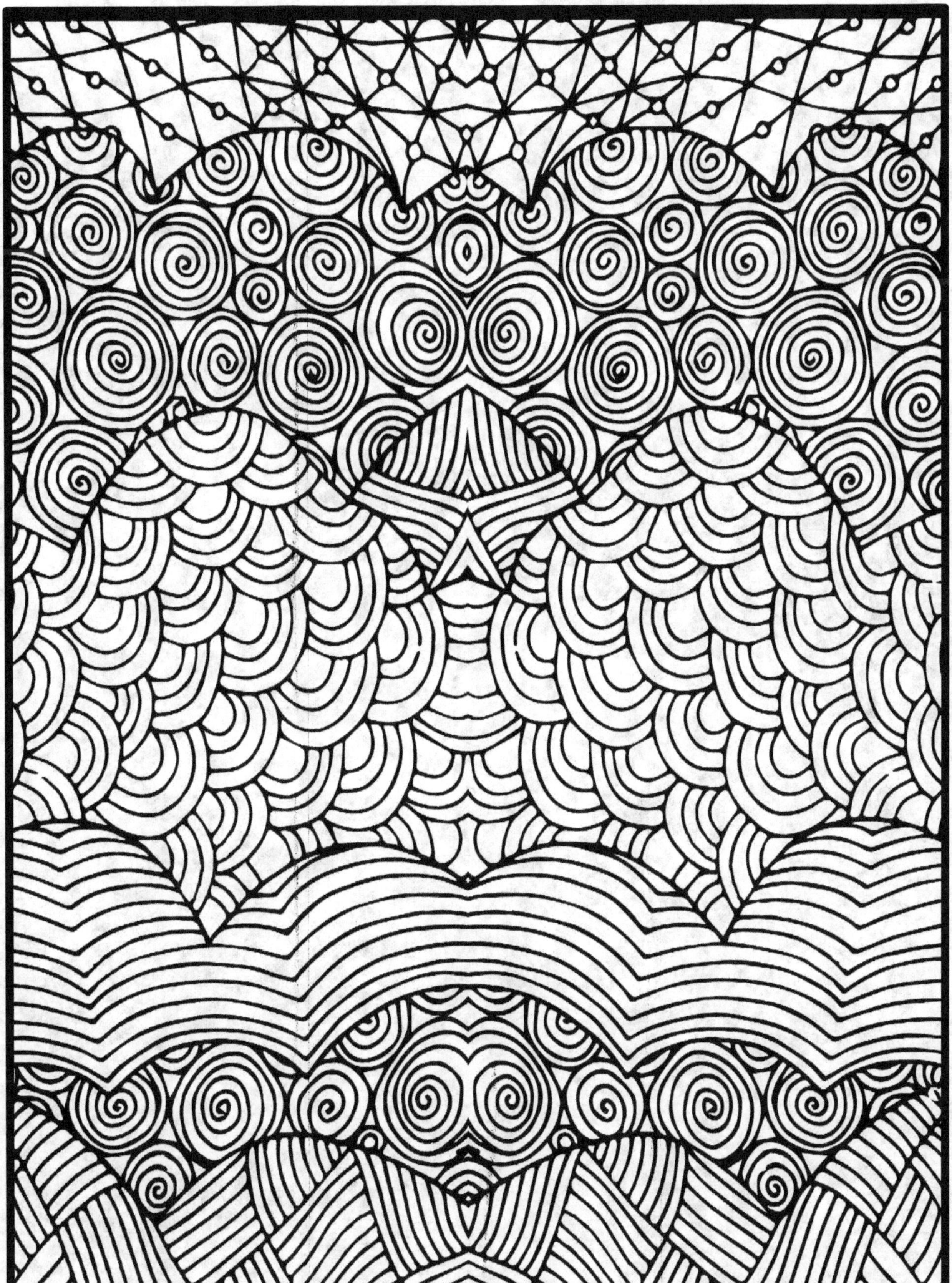

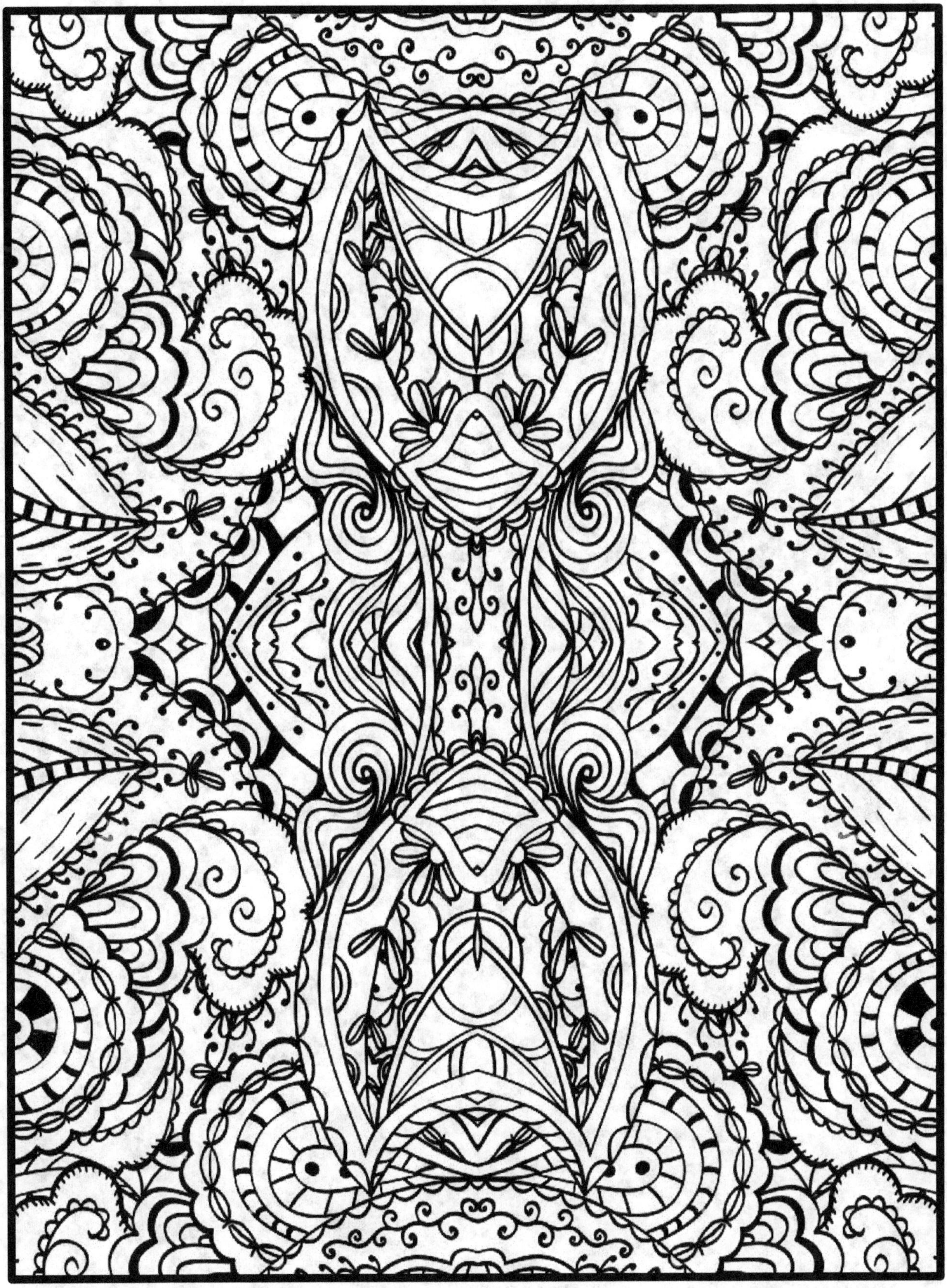

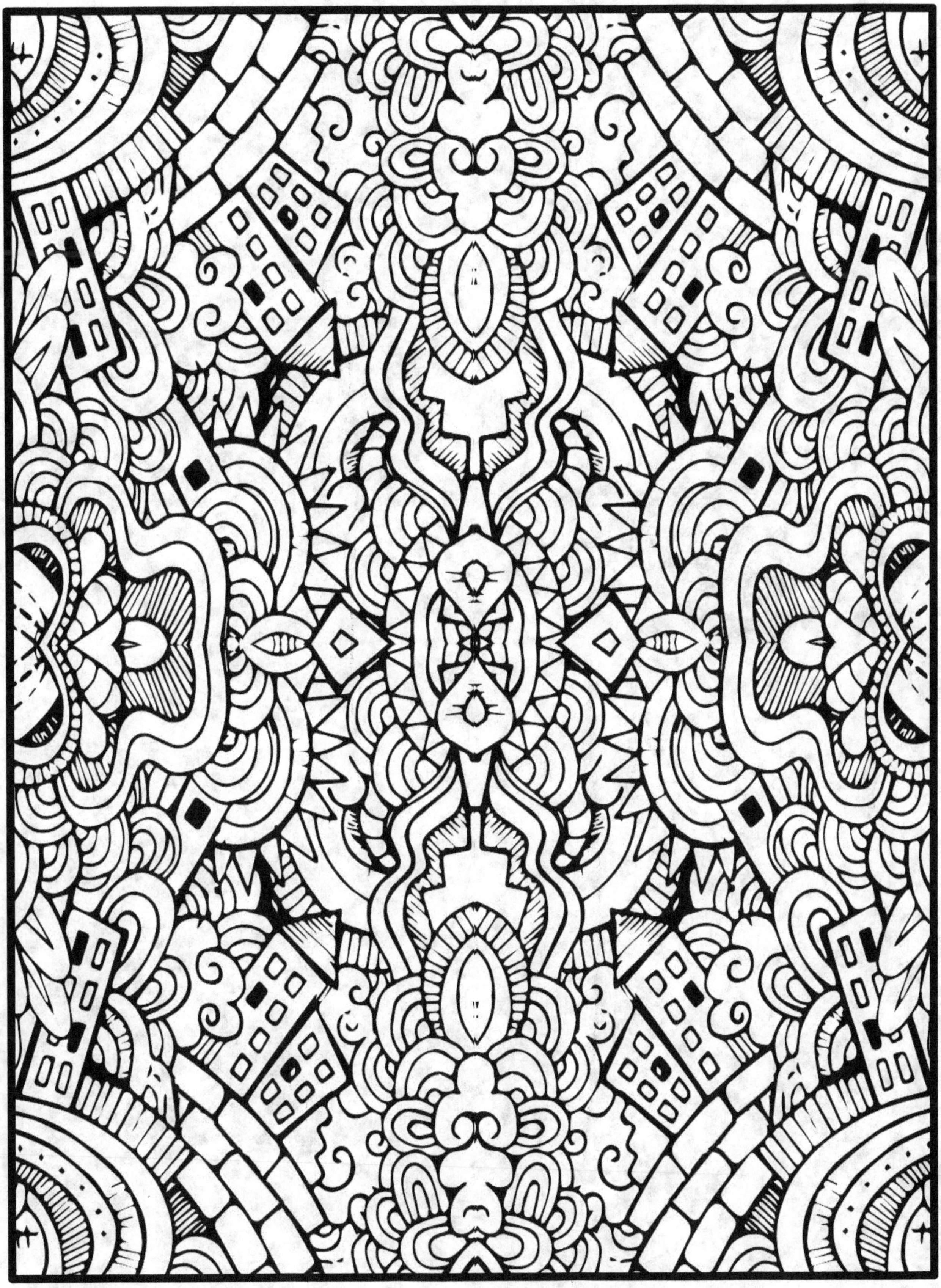

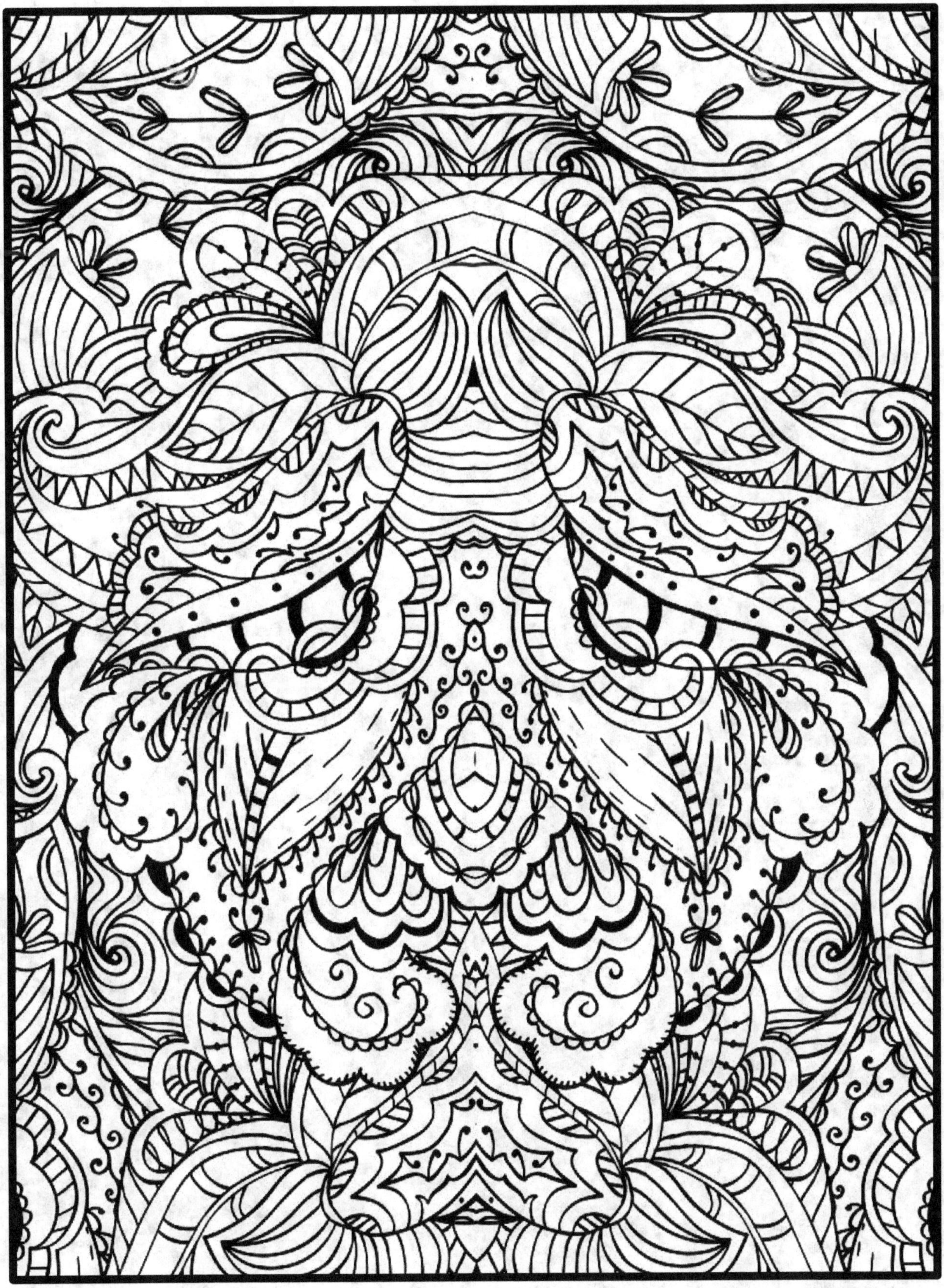

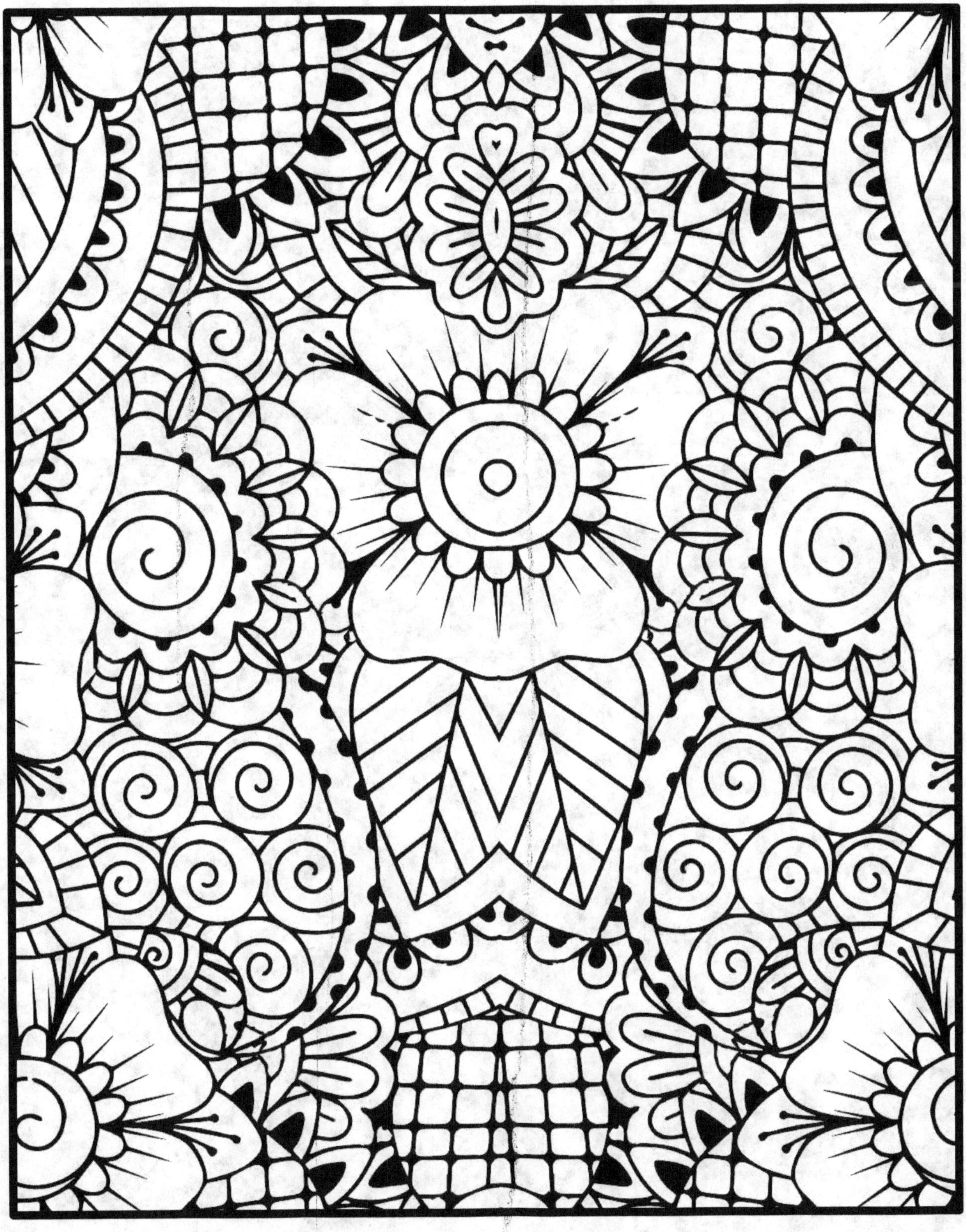

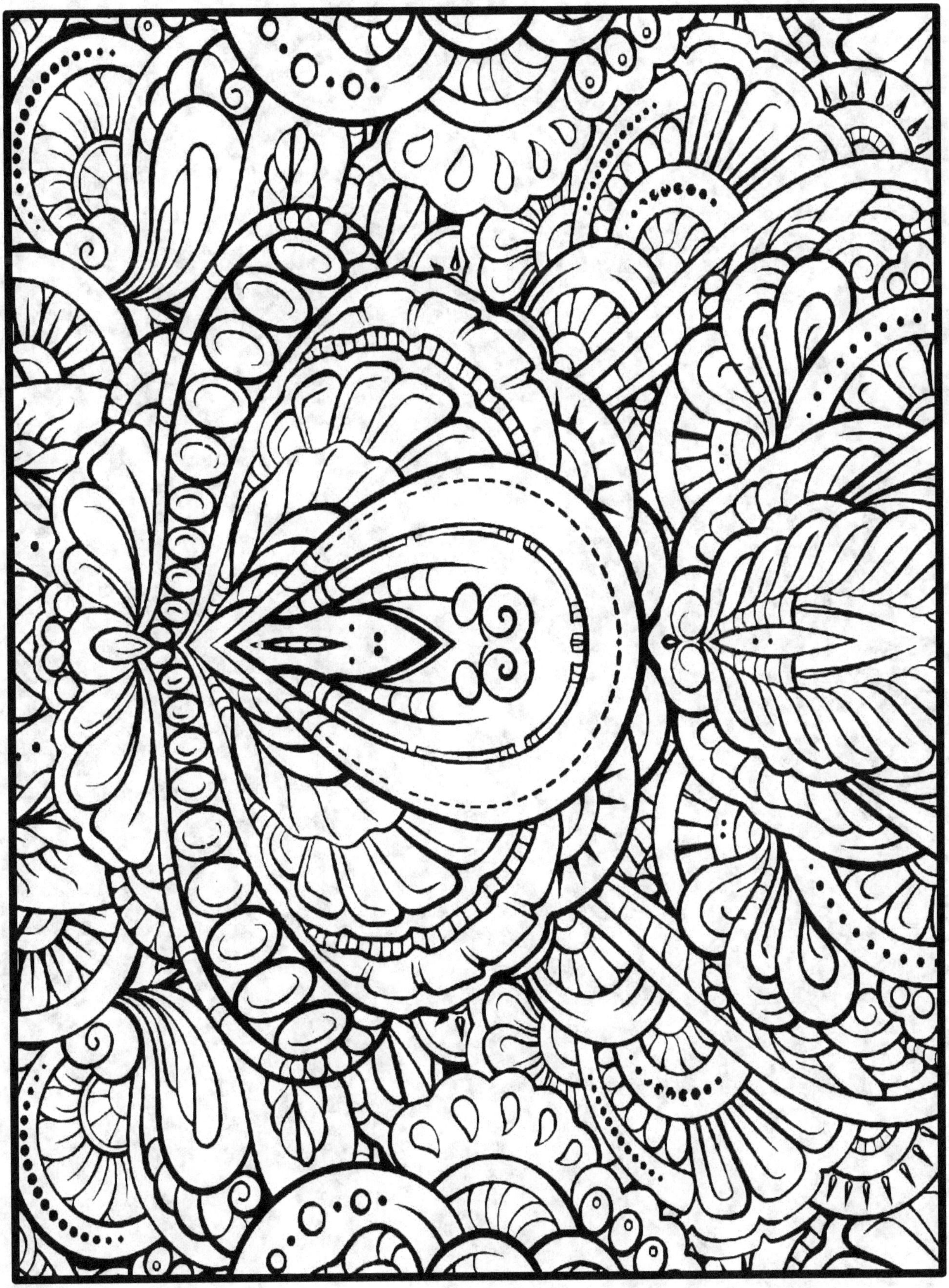

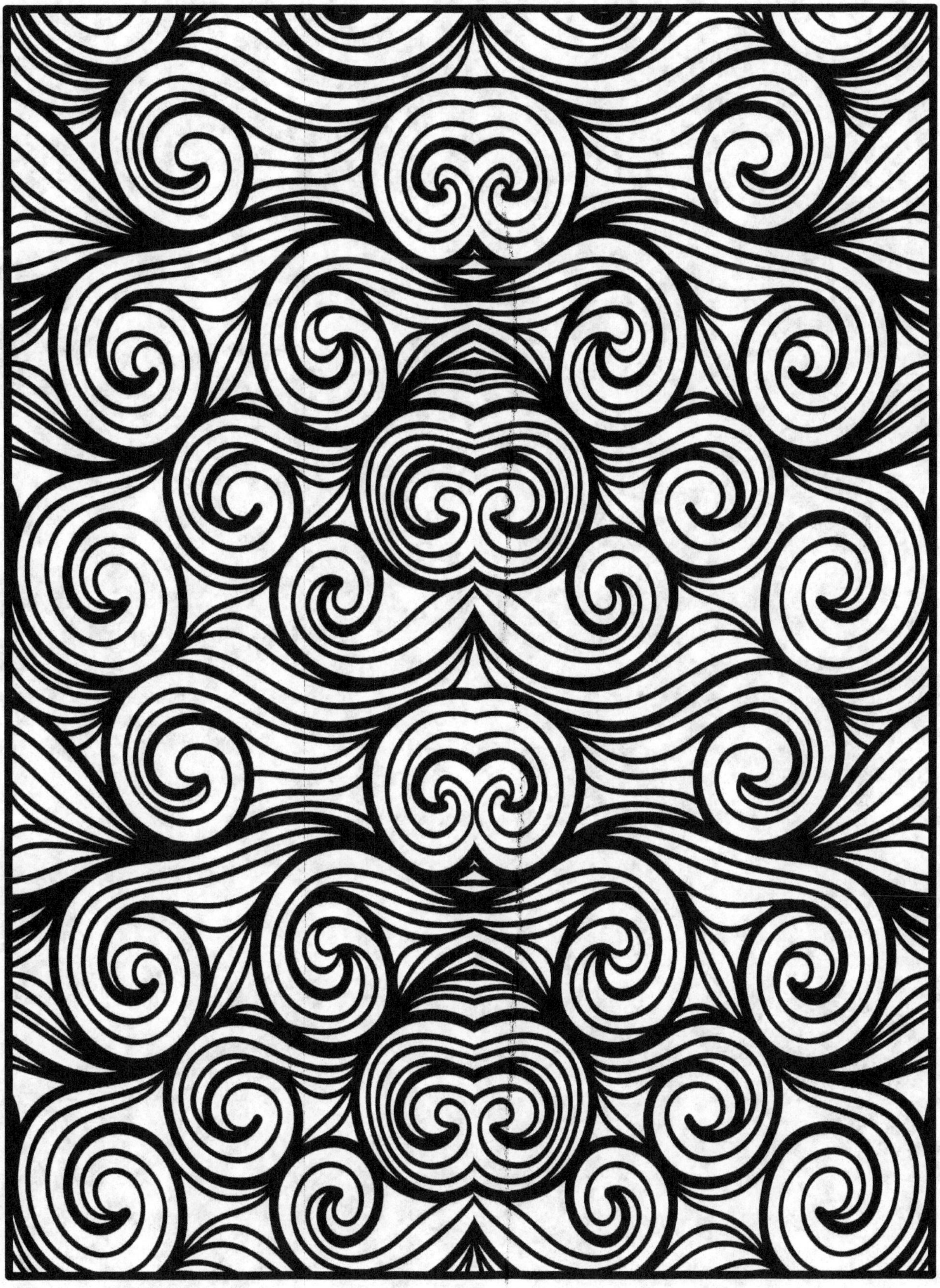

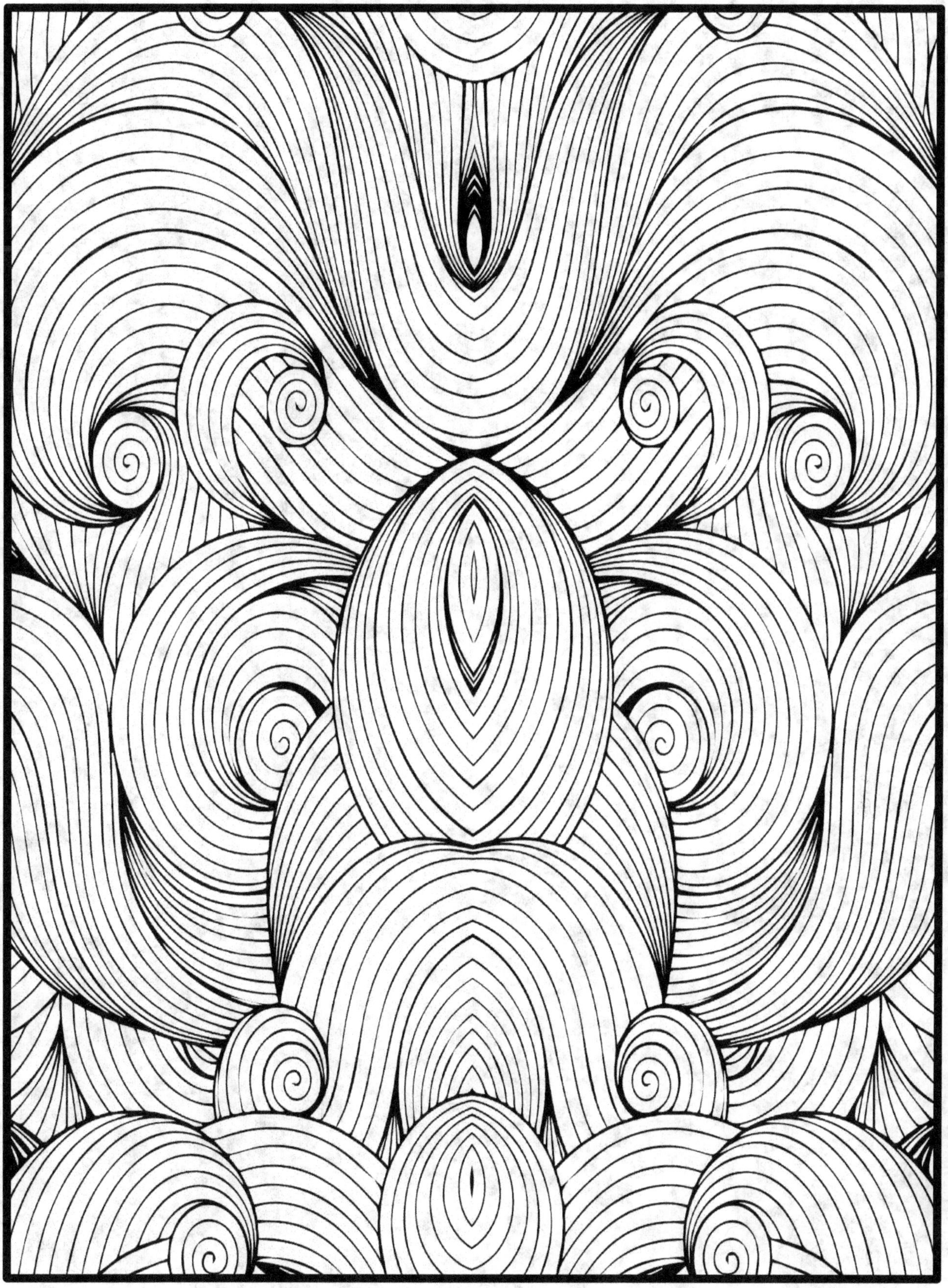

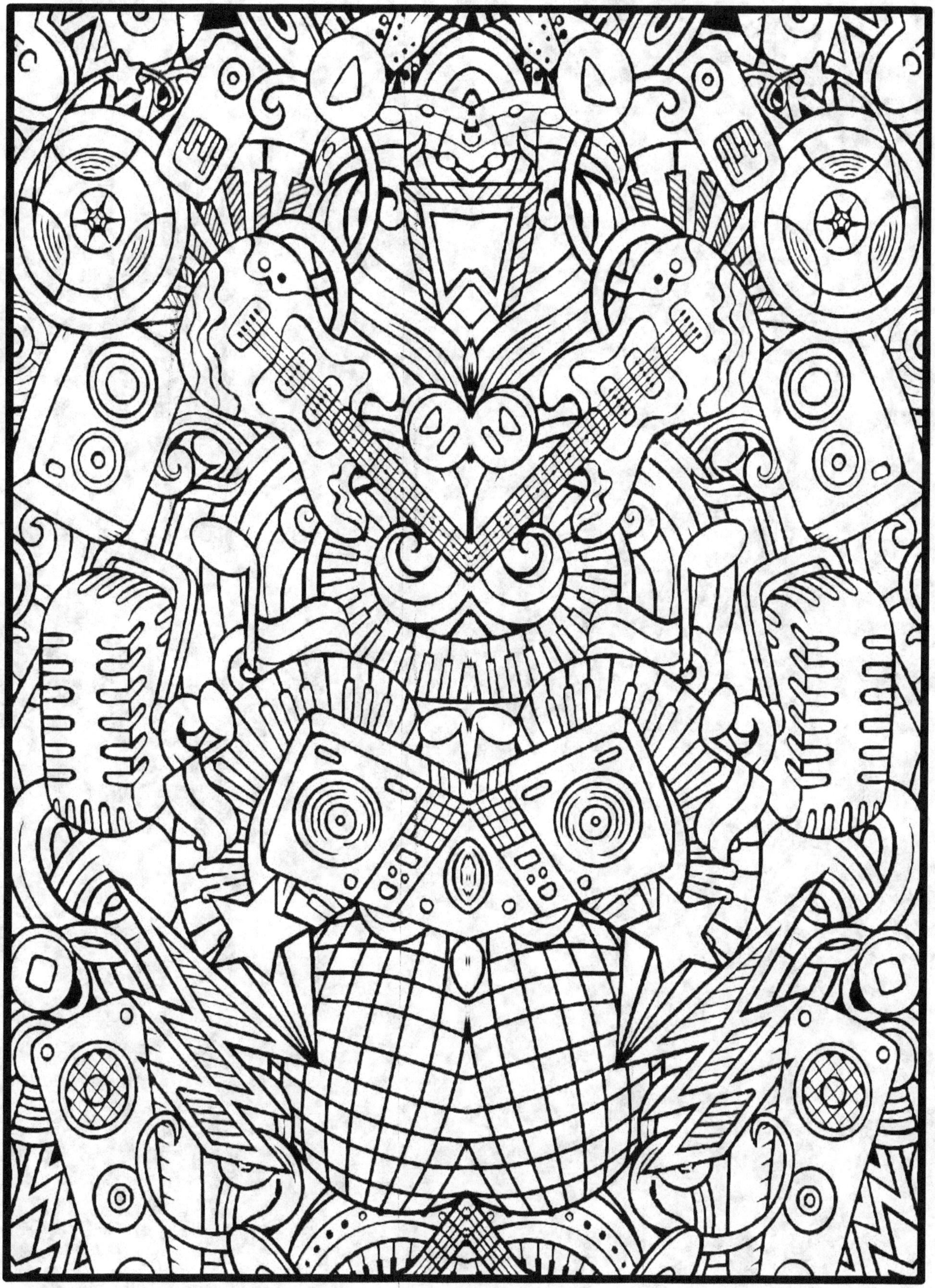

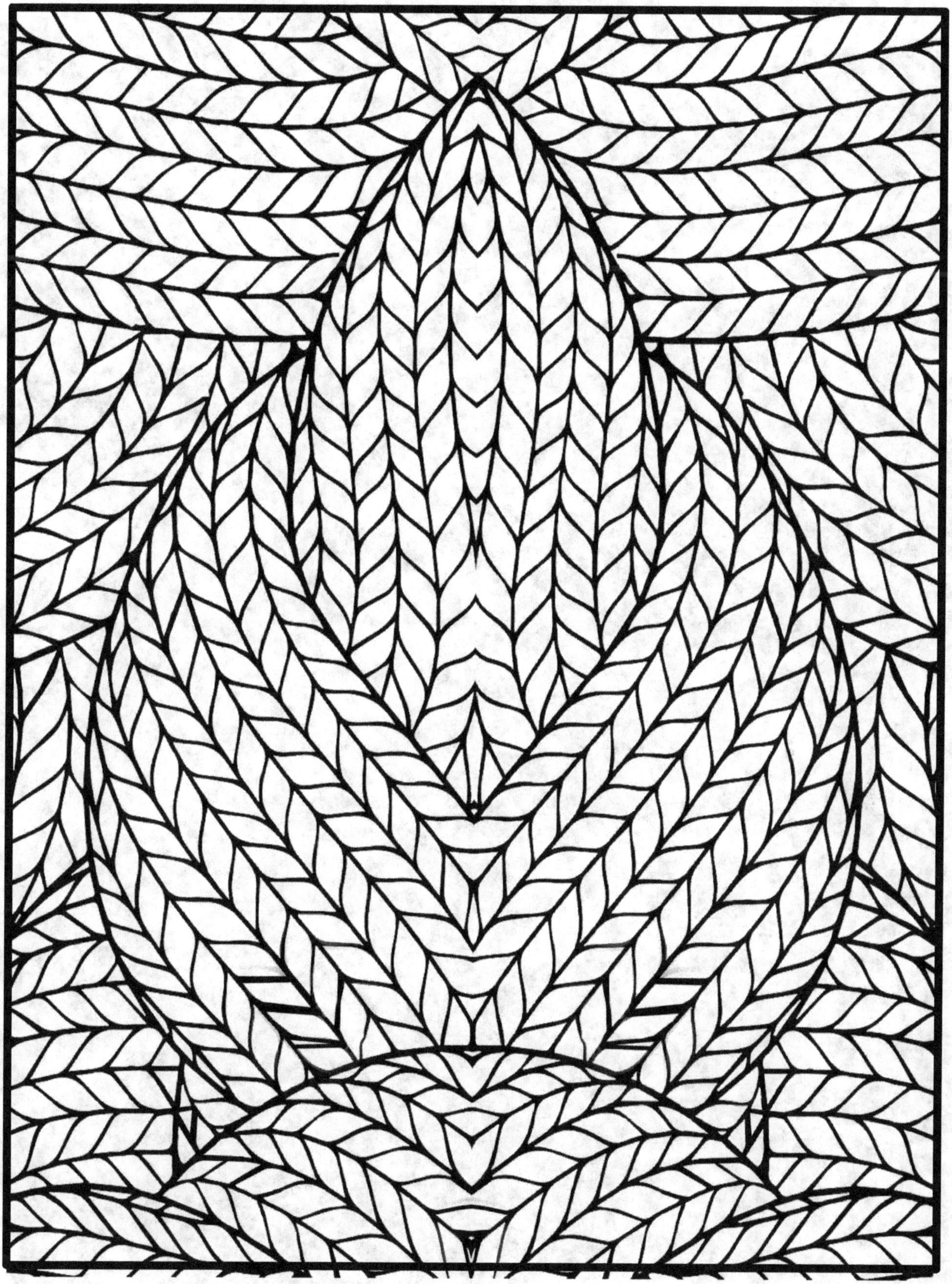

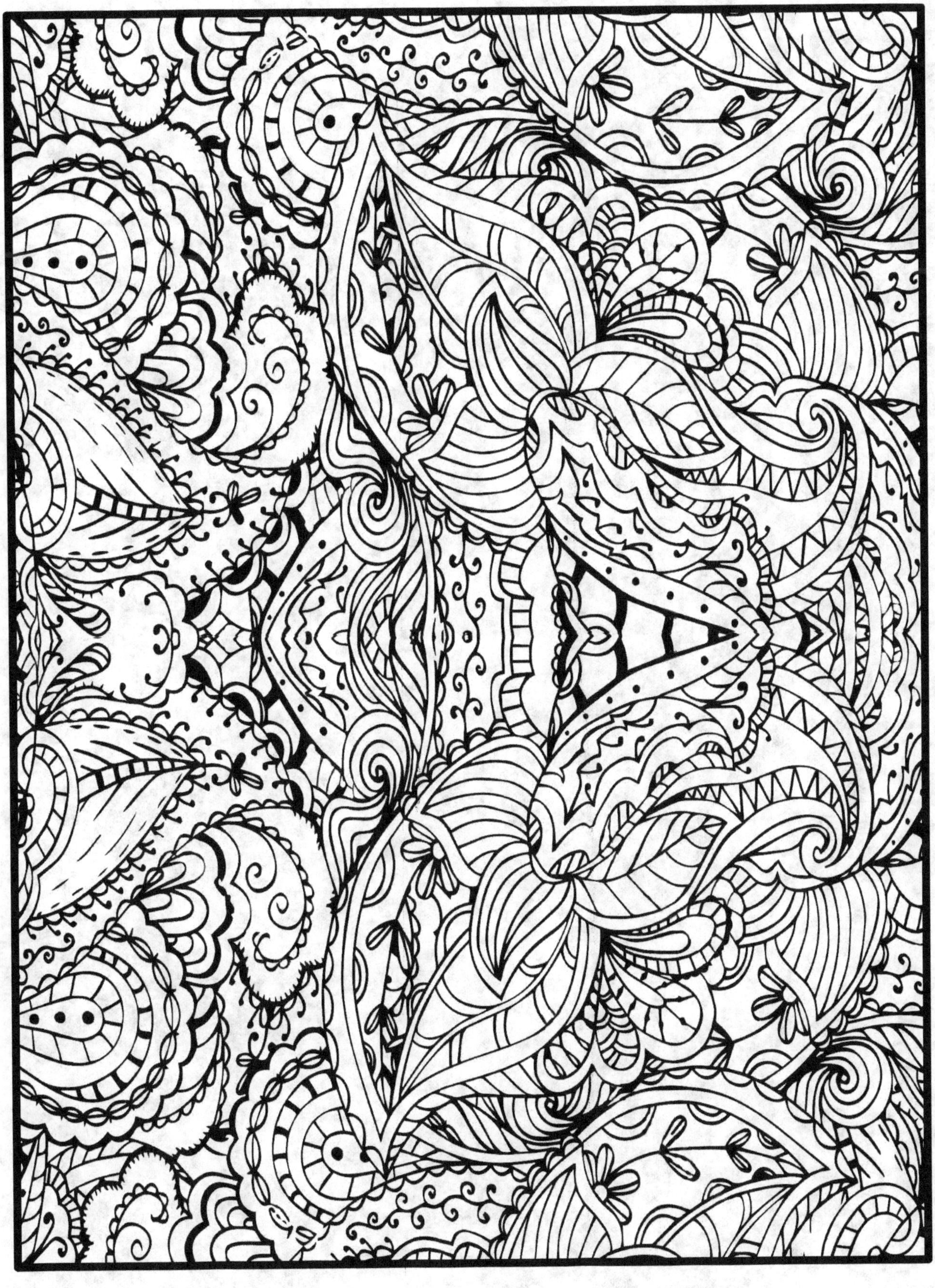

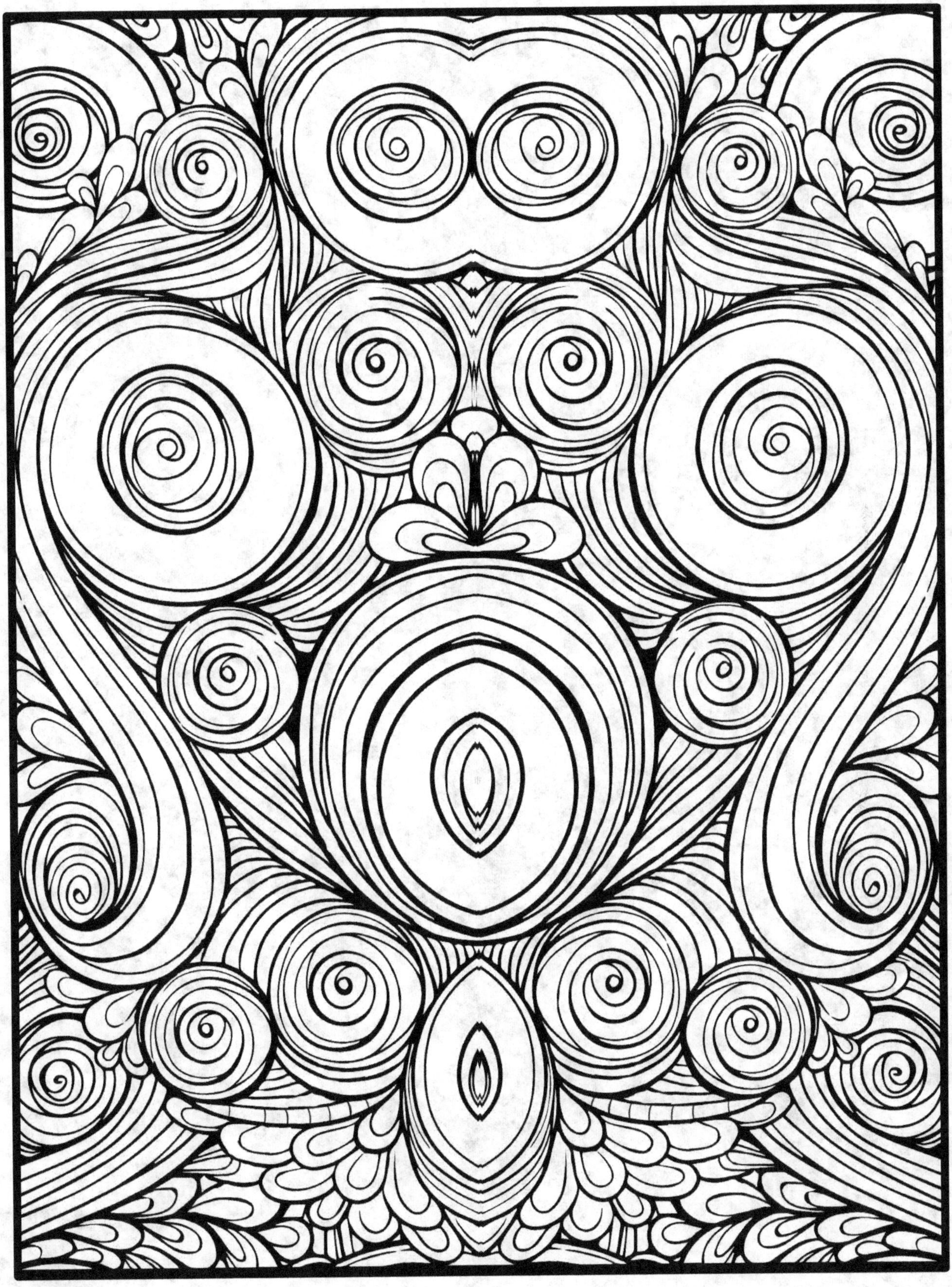

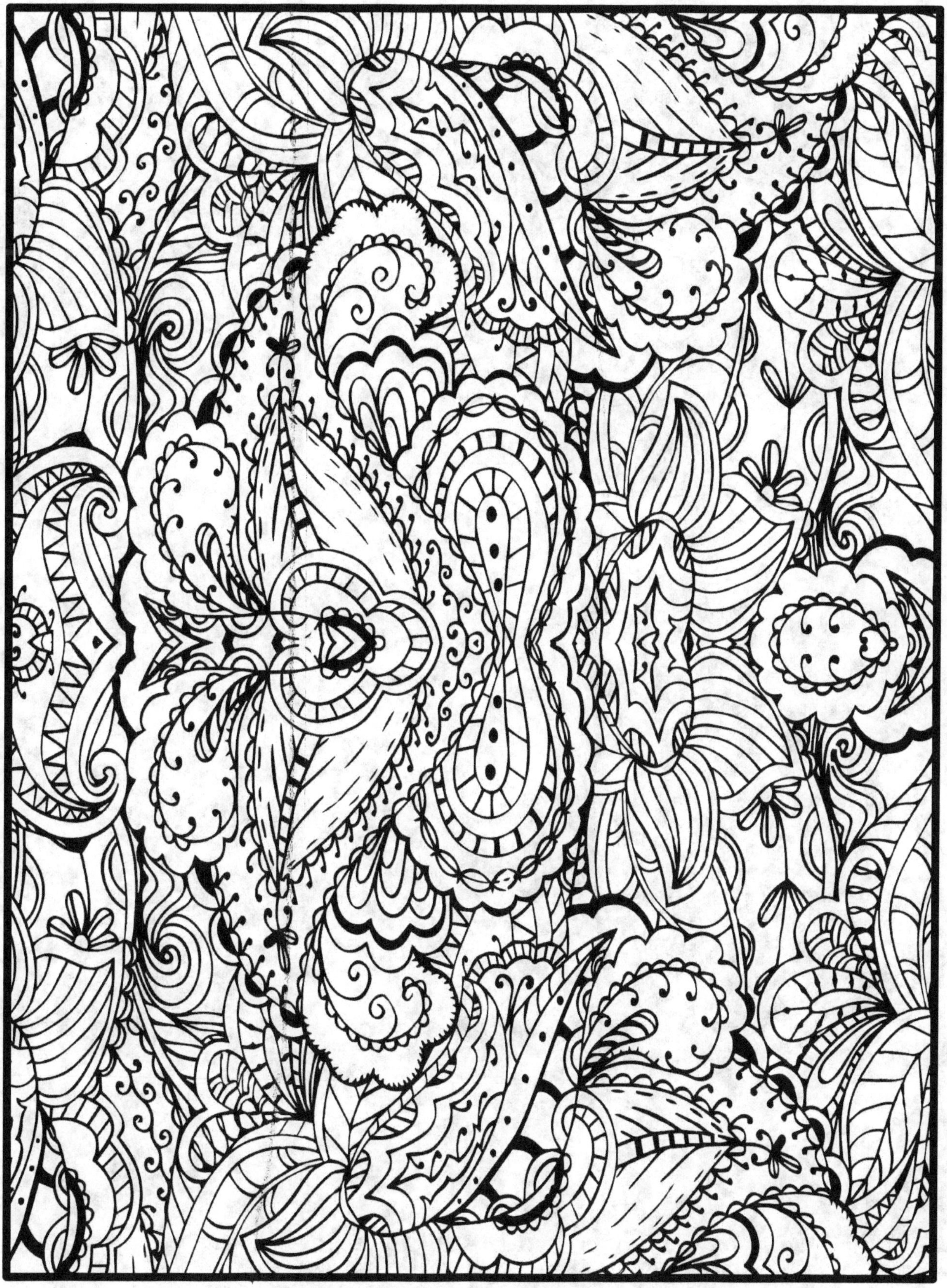

www.ingramcontent.com/pod-product-compliance
Lightning Source LLC
Chambersburg PA
CBHW060433220526
45465CB00008B/3121
9798642074299